市场营销核心技能强化训练

SHICHANG YINGXIAO HEXIN JINENG QIANGHUA XUNLIAN

编著◎ 赵柳村 胡志权
参编◎ 李 敏 陈荣卿 黄陵临

暨南大學出版社
JINAN UNIVERSITY PRESS

中国·广州

图书在版编目（CIP）数据

市场营销核心技能强化训练／赵柳村，胡志权编著．—广州：暨南大学出版社，2011.9

ISBN 978-7-81135-955-8

Ⅰ.①市…　Ⅱ.①赵…　②胡…　Ⅲ.①市场营销学—高等职业教育—教材　Ⅳ.①F713.50

中国版本图书馆 CIP 数据核字（2011）第 167881 号

出版发行：暨南大学出版社

地　址：中国广州暨南大学
电　话：总编室（8620）85221601
　　　　营销部（8620）85225284　85228291　85228292（邮购）
传　真：（8620）85221583（办公室）　85223774（营销部）
邮　编：510630
网　址：http：//www.jnupress.com　http：//press.jnu.edu.cn

排　版：广州市天河星辰文化发展部照排中心
印　刷：广州市怡升印刷有限公司

开　本：787mm×960mm　1/16
印　张：14.5
字　数：280 千
版　次：2011 年 9 月第 1 版
印　次：2011 年 9 月第 1 次
印　数：1—2000 册

定　价：26.00 元

前言

随着我国市场经济的不断发展和完善，特别是近几年来，我国的国内市场无论是市场的总量规模，还是市场结构都已发生了翻天覆地的变化。这既对我国的营销人才提出了新的要求和挑战，同时也为各类营销人才，特别是基层操作层面的技能型人才提供了施展才华的巨大舞台。为适应这种新形势的要求，以培养高级技能型人才为己任的高职院校自然当仁不让。然而，如何选择培养途径，使得培养出来的学生能够适应市场的需要，则是每所高职院校正在探索的课题。如何合理构建实践教学体系？怎样设计和组织实践教学项目？这一直是我们在多年的办学实践中不断思考和探索的问题。本书正是在这一背景下诞生的，它是罗定职业技术学院的教师们在总结多年市场营销专业实践教学方面的经验，参考了相关理论文献，并借鉴省内外同行的宝贵经验后形成的一项成果。尽管还不够成熟，但毕竟迈出了勇敢的第一步，也凝聚了罗定职院营销团队教师们的心血。

本书总体上按照高职院校营销专业面向的就业岗位（群）对专业能力、知识、素质的要求来构建与设计，遵照“有所为，有所不为”的原则，突出重点，追求实效，强调技能培养。全书由市场调研训练、目标市场选择与定位训练、促销策划训练、推销与谈判训练、营销综合技能训练、营销师考证辅导六个模块构成，具体包括 18 个训练项目。

项目设计形式多样，以真实项目为载体，以实战演练为主要手段，综合运用角色模拟、趣味游戏、辩论、演讲、讨论等形式，寓知识性和趣味性为一体。每一个项目包括训练目的、训练类型、学时建议、训练准备、训练内容、训练方案、知识点拨、实训表格、实例参考等栏目内容。既让学生明确每个训练项目的内容和具体要求，又提供了完成该项目的知识要点提示，而且，每一项目都精选了一个或多个参考实例，便于训练者模仿学习。

本书由罗定职业技术学院赵柳村副教授负责总体框架和编写体例的策划与设计，并亲自参加编写工作，同时负责书稿的审定。罗定职业技术学院的胡志权老师参与编写并协助组稿和审稿，参加本书编写的还有罗定职业技术学院的李敏、陈荣卿、黄陵临三位老师。

在本书的编写过程中，我们参阅了相关图书资料，访问了许多网站，因版面限制，编者在书末以参考文献形式列出了其中的一部分，在此向提供这些资料的作者表示衷心的感谢！暨南大学出版社参与本书策划和编辑的同志付出了大量劳动，在此一并向他们表示诚挚的谢意！

尽管我们一直在努力，希望为高职院校营销专业实践教学提供一本高效、实用的综合性教材，也为其他高职院校专业实践教学提供一定的借鉴，但我们深知，学生才是我们真正的上帝，只有学生在使用该书时，其专业技能和专业素养得到切实的提高，才能充分体现该书的价值。目前，关于高职营销类综合实训教材还很少，做这项工作缺乏现成的资料可供借鉴，加上编写经验不足，书中疏漏之处肯定不少，恳请广大教师多提宝贵意见，以便修订时做得更好。

编者

2011 年 7 月于广东罗定

目录

前　言 …… 1

模块一　市场调查训练 …… 1
1.1　问卷设计训练 …… 1
1.2　撰写调查报告训练 …… 9

模块二　目标市场选择与定位训练 …… 20
2.1　市场细分训练 …… 20
2.2　目标市场选择训练 …… 26
2.3　市场定位训练 …… 33

模块三　促销策划训练 …… 38
3.1　营业推广策划训练 …… 38
3.2　广告文案策划训练 …… 46
3.3　公关专题策划训练 …… 58

模块四　推销与谈判训练 …… 68
4.1　推销礼仪训练 …… 68
4.2　接触顾客训练 …… 76
4.3　异议处理训练 …… 90
4.4　促成交易训练 …… 98
4.5　业务洽谈训练 …… 105
4.6　电话营销训练 …… 113

模块五　营销综合技能训练 …… 122

模块六　营销师考证辅导 …… 144
6.1　营销师近年考试特点分析 …… 144
6.2　营销师考试理论知识串讲与训练 …… 149
6.3　营销师技能考核辅导与训练 …… 173

附录1：《营销师国家职业标准》 …… 190

附录2：职业资格鉴定国家题库营销师
国家职业资格三级理论试题（2008年5月） …… 207

附录3：职业技能鉴定国家题库营销师
三级操作技能试卷（2008年5月） …… 223

参考文献 …… 227

模块一　市场调查训练

1.1　问卷设计训练

一、训练目的

通过本项目的训练，使学生认识到调查问卷在市场调查中的重要作用，使学生能够根据调查自己设计一份调查问卷，掌握问卷设计步骤、内容、质量要求等技能。

二、训练类型

小组讨论，独立设计

三、学时建议

2 学时

四、训练准备

各人准备笔、一张 A4 纸和若干草稿纸。

五、训练内容

1. 认识调查问卷在市场调研中的作用。
2. 掌握问卷设计步骤、内容、质量要求。
3. 本实训任务全部结束后，交回问卷。

六、训练方案

（一）小组讨论

任务背景："碧绿园"房地产开发股份有限公司某分公司计划投资 3 000 万元在当地（罗定）开发一座楼盘，假设你是该分公司的经理，为充分了解市场环境，找准市场目标，你打算要取得哪些资料？假定公司决定采用问卷调查的方式收集相关信息，请设计恰当的调查问卷。

将受训学生分为若干组，每组成员 4～8 人，选定一位小组长。每组围绕调查目的和调查对象，相互讨论确定需要获取哪些调查项目，明确问卷设计的思路和初步框架。

（二）独立设计

每位成员根据小组讨论已经确定的调查项目分别设计出相应的问卷问题，要求不少于 10 项。将这些问题整理在问卷内，要求具备完整的问卷内容，并注意问卷的质量要求。

（三）组长总结

由每组的小组长总结本小组的问卷设计步骤和思路。

（四）交问卷作品

每位同学的作品签名后上交汇总成册。

（五）实施调查

各小组在教师的指导下，利用业余时间（一周内）完成实地调查，为下一项撰写调查报告训练作准备。

成绩评定表

第____小组　　姓名：__________　　学号：________

等级	评价标准	成绩
优秀	1. 态度端正，积极参与，富有团队协作精神。 2.（准备充分，调查项目定位准确，问卷问题设计合理，问卷内容完整，问卷设计步骤和思路陈述清楚，作业上交及时）具备括号内 4 个亮点以上。	
良好	1. 态度端正，积极参与，富有团队协作精神。 2.（准备充分，调查项目定位准确，问卷问题设计合理，问卷内容完整，问卷设计步骤和思路陈述清楚，作业上交及时）具备括号内 3 个亮点以上。	
及格	1. 态度端正，积极参与，富有团队协作精神。 2.（准备充分，调查项目定位准确，问卷问题设计合理，问卷内容完整，问卷设计步骤和思路陈述清楚，作业上交及时）具备括号内 2 个亮点以上。	
不及格	1. 态度不端正，参与积极性不高，有迟到、早退现象。 2.（准备充分，调查项目定位准确，问卷问题设计合理，问卷内容完整，问卷设计步骤和思路陈述清楚，作业上交及时）具备括号内 2 个亮点以下。 3. 无故缺课，没有参与本次训练。	

（考核时间：201　年　月　日）

七、知识点拨

（一）问卷设计的原则

1. 有明确的主题

根据调查主题，从实际出发拟题，问题目的明确，重点突出，没有可有可无的问题。

2. 结构合理、逻辑性强

问题的排列应有一定的逻辑顺序，符合应答者的思维程序。一般是先易后难、先简后繁、先具体后抽象。

3. 通俗易懂

问卷应使应答者一目了然，并愿意如实回答。问卷中语气要亲切，符合应答者的理解能力和认识能力，避免使用专业术语。对敏感性问题采取一定的调查技巧，使问卷具有合理性和可答性，避免主观性和暗示性，以免答案失真。

4. 控制问卷的长度

回答问卷的时间控制在20分钟左右，问卷中既不浪费一个问句，也不遗漏一个问题。

（二）问卷的结构和内容

问卷的一般结构有标题、说明、主题、编码号、致谢语和实验记录等六项。

1. 标题

每份问卷都有一个调查主题。研究者应开宗明义定个题目，反映这个研究主题，使人一目了然，增强填答者的兴趣和责任感。例如，“厂级干部推荐表”这个问卷的标题，把该厂人事部门的调查内容和范围反映出来了。

2. 说明

问卷前面应有一个说明。这个说明可以是一封告调查对象的信，也可以是指导语，说明这个调查的目的意义，填答问卷的要求和注意事项，下面同时附上调查单位名称和时间。

3. 主体

主体是研究主题的具体化，是问卷的核心部分。问题和答案是问卷的主体。从形式上看，问题可分为开放式和封闭式两种；从内容上看，可以分为事实性问题、意见性问题、断定性问题、假设性问题和敏感性问题等。

4. 致谢语

为了表示对调查对象真诚合作的协议，研究者应当在问卷的末端写上感谢的话。如果前面的说明已经有表示感谢的话语，那末端可以不用。

5. 实验记录

实验记录的作用是用以记录调查完成的情况和需要复查、校订的问题，格式和要求都比较灵活，调查访问员和校查者均在上面签写姓名和日期。

以上问卷的基本项目，是要求比较完整的问卷所应有的结构内容。但通常使用的如征询意见及一般调查问卷可以简单些，只要有一个标题、主题内容和致谢语以及调查研究单位就可以了。

（三）问卷设计应注意的问题

1. 问卷的开场白

问卷的开场白，必须慎重对待，要以亲切的口吻询问，措词仔细推敲，做到言简意赅，亲切诚恳，使被调查者自愿与之合作，认真填好问卷。

2. 问题的字眼（语言）

由于不同的字眼会对被调查者产生不同的影响，因此往往看起来差不多相同的问题，会因所用字眼不同，而使应答者作出不同的反应，从而作出不同的回答。故问题所用的字眼必须恰当，以免影响答案的准确性。一般来说，在设计问题时应注意以下两个原则：

（1）避免一般性问题。如果问题的本来目的是在获取某种特定资料，但由于问题过于一般化，会使应答者所提供的答案资料无太大意义。

例如：某酒店想了解旅客对该酒店房租与服务是否满意，因而作以下询问："你对本酒店是否感到满意？"

这样的问题，显然有欠具体。由于所需资料牵涉到房租与服务两个问题，故应分别询问，以免混乱。例如，你对本酒店的房租是否满意？你对本酒店的服务是否满意？

（2）问卷的语言要口语化，符合人们交谈的习惯，避免书面化和文人腔调。

3. 问题的选择及顺序

通常问卷的前几个问题可采用开放式问题，旨在使应答者多讲话，多发表意见，使应答者感到十分自在，不受拘束，能充分表达自己的见解。当应答者话题多，其与调查者之间的陌生距离自然缩短。不过要注意的是，最初安排的开放式问题必须较易回答，不可具有高敏感性，如困窘性问题，否则一开始就被拒绝回答的话，以后的问题就很难继续。因此问题应是容易回答且具有趣味性，旨在提高应答者的兴趣。核心问题往往置于问卷的中间部分，分类性问题如收入、职业、年龄通常置于问卷之末。

问卷中问题的顺序一般按以下规则排列：

（1）容易回答的问题放前面，较难回答的问题稍放后，困窘性问题放后面，个人资料的事实性问题放卷尾。

（2）封闭式问题放前面，自由式问题放后面。由于自由式问题往往需要时间来考虑答案和组织语言，放在前面会引起应答者的厌烦情绪。

（3）要注意问题的逻辑顺序，按时间顺序、类别顺序等合理排列。

八、实训表格

1. 实训成绩登记表；2. 实训报告（参考格式附后）

附表 1：实训成绩登记表

实训成绩登记表

任务名称：1.1　问卷设计训练　　　　　　　　时间：________ 年____月____日

学号	姓名	实训成绩		
		小组讨论	独立设计	总成绩

说明：1. 本项实训任务总成绩计算办法：得两个优秀的小组，总成绩记“优秀”；得一个优秀，且无不及格者，总成绩记“良好”；第一项未得优秀，且第二项为“不及格”者，总成绩记“不及格”；其余总成绩记“及格”。2. 实训项目结束，当场宣布小组及个人成绩。

附表2：实训报告

实训报告

专业：________ 班级：______ 第____ 实训小组 日期：201_ 年____月____日

<table>
<tr><td rowspan="2">教师
评语</td><td rowspan="2" colspan="3"></td><td>成绩</td><td></td></tr>
<tr><td>教师
签字</td><td></td></tr>
<tr><td>小组名单</td><td colspan="5"></td></tr>
<tr><td>任务编号</td><td></td><td>任务名称</td><td></td><td>学时</td><td></td></tr>
<tr><td>使用教材</td><td colspan="5"></td></tr>
<tr><td colspan="6">一、实训任务

二、实训目的

三、步骤与内容

四、实训总结（主要写收获与不足、感想或建议，字数500字左右）</td></tr>
</table>

（注：本表内容多时可另附页）

九、实例参考

××大学食堂顾客信息调查问卷

档案编号：______ 访问日期：______年____月____日 星期：____ 访问时间：________

我们正在进行一项调查问卷，希望借这次调查问卷能给您提供更好、更完善、更全面、更具体的服务，借用几分钟的时间请教您几个问题，请您认真填写，您将有机会得到意外的奖励！

1. 您多久来我们这个食堂一次？
   □每天来 □一周两次 □每周三次 □每周四次 □每周五次
   □第一次来
2. 和您一起来的一般有（多少）__________人。
3. 您来就餐的主要原因及您最在意的是什么？
   □服务质量 □饭菜多样化 □方便 □食物的品质、口味 □用餐器皿
   □气氛 □快速 □环境 □价格 □每份餐点分量足 □干净 □其他
4. 您的平均消费是？
   □3元以下 □3～5元 □5～10元 □10元以上
5. 您认为我们的饭菜质量如何？
   □很好 □一般 □较差 □很差
6. 您认为我们的饭菜价格如何？
   □很高 □较高但能接受 □较高但物有所值 □一般
7. 您上课地点在哪里？__________ 您是几年级的学生？__________
8. 您的宿舍在校园什么方位（几号楼）？______________________________
9. 您的宿舍有多少位舍友？____
10. 您认为本食堂的整体环境如何？
    □很好 □一般 □较差 □很差
11. 您在就餐时最喜欢收看的电视频道有哪些？________________________
12. 您认为本食堂的经营户服务态度如何？
    □很好 □一般 □较差 □很差
13. 您最满意的窗口是：__________ 您最不满意的窗口是：__________
    您最喜欢的饭菜口味（菜系）是____________________

14. 您还希望在本食堂吃到什么美食（现在没有的）？

15. 您认为我们有哪些需要改进的地方？

16. 您经常在外面用餐的地方还有哪些？

17. 本食堂将在本学期增设早餐，您认为营业时间定在什么时间段最合适？

18. 您认为早餐的品种应该有哪些（您比较喜欢的早餐品种）？

我们真诚感谢您的参与，谢谢您今天接受我们的调查问卷！请您在交调查问卷表时到主席台免费领取精美礼品一份！

1.2 撰写调查报告训练

一、训练目的

通过本次实训，使学生掌握市场调查报告撰写的一般过程，熟悉调查报告的结构，能掌握市场调查报告的写作技巧，并学会分析和认识各种经济现象、独立思考问题和解决问题。

二、训练类型

分组交流，独立撰写

三、学时建议

2 学时

四、训练准备

学生先回收上一次实训项目中所取得的调查问卷。

五、训练内容

1. 认识到撰写市场调查报告的作用及其重要性。
2. 重点掌握调查报告的结构及写作技巧。
3. 撰写调查报告时应注意的问题。
4. 实训结束后，每人上交一份市场调查报告。

六、训练方案

（一）写作过程要求

写调查报告前，应认真整理调查问卷并形成综合数据，在写作过程中必须根据调查整理后的资料来写调查报告，一切结论要产生于调查整理后的数据。

第一步：对问卷中的每一个问题进行审查，若有某个对调查结果很关键的问题没有回答，要再一次收集信息。

第二步：审查问卷答案的可靠性、准确性。

第三步：对回答进行编码。

第四步：制表。

第五步：项目组将分析处理后的结果，综合行业、消费者状况。

第六步：总结消费者及市场特点。

第七步：提出对企业营销策略等的建议。

第八步：阅读市场调研报告模板。

第九步：仿照模板，确定市场调研报告题目。

第十步：撰写市场调研报告的内容提要。

第十一步：撰写目录。

第十二步：撰写调研报告正文。

第十三步：列出参考资料。

第十四步：添加附录。

（二）交调查报告作品

每位同学将作品签名后上交汇总成册。

成绩评定表

第____小组　　　　　　　　姓名：__________　　　　　　学号：________

等级	评价标准	成绩
优秀	1. 积极认真从事综合实训活动，主动性强。 2. 撰写的报告内容完整、真实，体会深刻，针对性强，表述符合知识原理，观点有独到之处。 3. 文章用词准确精练、结构合理、逻辑性强。	
良好	1. 能按规定从事综合实训活动，配合完成各项工作。 2. 撰写的报告内容完整、真实，有体会，表述符合知识原理。 3. 文章用词准确精练、结构合理、逻辑性强。	
及格	1. 达到实习计划中规定的基本要求。 2. 撰写的报告内容基本完整，表述符合知识原理，文章结构较为合理，有一定逻辑性。 3. 实习期间偶有请假现象，但无缺勤、违纪行为。	
不及格	1. 态度欠端正，参与积极性不高，有迟到、早退现象。 2. 对综合实训等实践环节的教学活动走过场，抄袭别人的成果，或内容空洞、观点含糊、文字表述不清。 3. 无故缺课，没有参与本次训练。	

（考核时间：201　年　月　日）

七、知识点拨

（一）撰写市场调查报告的一般步骤

1. 构思

市场调查报告是建立在市场调查资料分析研究基础上的，首先是收集调查报告的附件材料，进行总体构思；其次根据市场调查课题、调查资料和分析研究的结果对调查报告的内容和形式进行全面的考虑和构思，包括确定调查观点，确定调查报告类型，划分全文内容，进行分层思考，列出各层次的分论点和小论点，然后拟定写作提纲。

2. 材料选择

材料选择就是选择表述论点的资料。在市场调查过程中获取的数据和资料非常丰富，但不能全部纳入调查报告。应该在分析研究资料的基础上，确定观点，再根据观点的需要取舍材料。要注意，对各个层次的小观点都应有充足准确的材料支撑，以保证论据充分，所有小观点论据充分，才能有效支撑分论点和总论点。材料选择要注意完整、准确、充分，要依据主题需要进行材料筛选；要经过多次对比分析决定取舍。只有达到材料与观点的高度统一，材料才能充分地说明调查报告的主题。

3. 列出写作提纲

写作提纲是调查报告的骨架，可以理清思路，明确调查报告各部分之间的联系。写作提纲分为条目提纲和观点提纲两类。条目提纲是从层次上列出调查报告的章节，观点提纲是列出各章节要表述的观点。写作提纲是在选择好经过加工分析的材料，确定报告的形式和总观点后，按照标题、导语、分层分段、结尾列出总提纲，尤其要注意列出每层的小论点和主要支撑材料。写作提纲可以有粗有细，提纲越细，作者的思路越清晰，撰写时就越顺手。

4. 撰写初稿

在写作提纲指导下，在把握观点、立定格局的基础上，运用恰当的表达方式和文字技巧，充分运用调查中的材料，拟写调查报告初稿。初稿拟写时，是分层分段撰写的，也可以进行分工，由几个人分工合作撰写。

5. 修改定稿

在初稿完成后，要反复进行修改加工，包括整体修改、层次修改、文字润色，保证调查报告的质量和水平。一篇好的调查报告应该是观点准确、材料恰当、论据充分；能够用数据和事实说话；重点突出，中心明确；结构合理，层次分明，条理清晰；采用叙说、说明、议论相结合的表达方式，语言精练、生动，富有说服力，修辞手法恰当；能够将定量分析和定性分析相结合；数据资料和文字表达相结合，充分体现调查报告的价值和水平。

（二）市场调查报告的基本结构

撰写市场调查报告要考虑调查报告的结构设计和表达。市场调查报告的结构不是千篇一律的，但调查报告要把市场信息传递给决策者的功能或要求是一致的。一般市场调查报告的基本结构如下：

扉页：包括调查报告的题目、市场调查单位和用户、市场调查日期。

前言：对调查项目的简要介绍，简明陈述调查目标和具体调查问题，对报告的组织作一概述。

目录表：对于内容较多的市场调查报告，用目录形式列出调查报告的主要部分，包括章节及其各部分的起始页码；如有可能，可以将文字、表格、图形分别编写目录。

调查结论摘要：对全文的总体介绍，简要陈述调查主题、调查的过程和得出的调查结论。

正文：报告的主要部分，包括调查背景和目标、详细说明调查方法、得出的调查结果和结论、提出建议。

附录：包括市场调查方案、调查中使用的方法和技术、调查问卷、数据整理表格、交叉分组列表、人员走访的谈话记录、提供资料人员的名单等支持性材料。

八、实训表格

1. 实训成绩登记表；2. 实训报告（参考格式附后）

附表1：实训成绩登记表

实训成绩登记表

任务名称：1.2　撰写调查报告训练　　　　时间：________年____月____日

学号	姓名	实训成绩		
		小组讨论	报告撰写	总成绩

说明：1. 本项实训任务总成绩计算办法：得两个优秀的小组，总成绩记“优秀”；得一个优秀，且无不及格者，总成绩记“良好”；第一项未得优秀，且第二项为“不及格”者，总成绩记“不及格”；其余总成绩记“及格”。2. 实训项目结束，当场宣布小组及个人成绩。

附表2：实训报告

实训报告

专业：__________ 班级：______ 第____实训小组 日期：201__年____月____日

<table>
<tr><td rowspan="2">教师
评语</td><td rowspan="2" colspan="3"></td><td>成绩</td><td></td></tr>
<tr><td>教师
签字</td><td></td></tr>
<tr><td>小组名单</td><td colspan="5"></td></tr>
<tr><td>任务编号</td><td></td><td>任务名称</td><td></td><td>学时</td><td></td></tr>
<tr><td>使用教材</td><td colspan="5"></td></tr>
<tr><td colspan="6">一、实训任务

二、实训目的

三、步骤与内容

四、实训总结（主要写收获与不足、感想或建议，字数500字左右）</td></tr>
</table>

（注：本表内容多时可另附页）

九、实例参考

关于泰州化妆品市场的调查报告

（一）调查目的和意义

随着经济的发展，人民的生活水平不断上升，居民消费结构得到大幅改善，人们越来越注重生活的质量，化妆品作为提高生活质量的一类产品，在人们生活中变得不可或缺。20世纪80年代以来中国化妆品行业一直保持很高的增长速度，我国化妆品市场销售额平均以每年23.8%的速度增长，最高的年份达41%，增长速度远远高于国民经济的平均增长速度，目前国内人均消费化妆品仅28元，与发达国家人均36~70美元的年消费额相比，化妆品市场还有很大的发展空间，具有相当大的发展潜力。化妆品市场的高增长与高利润吸引了众多企业进入，中资、合资、外资等名目繁多的化妆品品牌层出不穷，市场竞争极其激烈。要在激烈的竞争中生存并且发展，就必须进行市场分析，研究消费者行为背后的消费心理。本次化妆品市场调查，就是通过收集、整理不同人群购买化妆品的依据以及对外国化妆品的购买趋势来了解泰州化妆品市场的现状，从而为下一步制订销售方案做好充分的理论根据。

（二）调查过程

调查时间：2005年7月15日至2005年7月30日

调查方式：（1）走访泰州几家大商场的化妆品专柜；（2）居民住宅小区随机问卷调查；（3）网上问卷调查。

调查范围：泰州市区的消费者、“泰无聊”的部分网民。

（三）基本情况与分析

1. 购买化妆品的主要依据

调查显示，化妆品效果（51.4%）和品牌效应（20.8%）是人们购买化妆品的主要影响因素，占受访人群的72.2%；朋友介绍和折扣优惠占受访人群的17.4%，也是不容忽视的影响因素；而广告宣传、精美的包装等其他因素只占10.4%。以上数据说明，人们在购买化妆品的时候更看重它的效果和品牌，而包装和宣传等附加因素已经不再是影响消费的主导因素。

调查显示，月收入低于4 000元或高于6 000元的人群在购买化妆品方面主要看重的是效果，其次是品牌效应；月收入在4 000~6 000元的人群购买化妆品时主要看重品牌效应，其次是效果。说明无论是哪种收入阶层购买化妆品时最关心的是效果，其次是品牌，而包装在其中发挥的作用最小。

2. 最喜欢的国外化妆品品牌

随着经济的发展，国外的很多东西都逐渐为国内人们所接受，其中化妆品就是一个很好的例子，很多知名的国外化妆品受到大家的欢迎。调查显示：在所列的国外化妆品中，雅芳受欢迎人数占25.8%，可能与其适中的价格和良好的效果有关；资生堂、安利、雅诗兰黛、碧欧泉、倩碧等受欢迎人数基本相同，在10%左右；CD、兰蔻等高档品牌受欢迎的人数明显减少，占5%左右，与其不菲的价格有着密切的关系，很多人宁可选择价位容易接受的品牌；还有其他的一些品牌也很受大家欢迎，条件有限而没有逐一列出。

不同年龄的人群使用国外化妆品的结构有着明显的差异。调查显示：20岁以下的人群对各种品牌没有明显的差异，这个时期的人群对自己的皮肤还不是很了解，对选择化妆品很盲目，只是对CD、倩碧、兰蔻等价位较高的品牌使用较少；20~30岁的人群对品牌的选择已经有了明显的趋向，首选为雅芳（27%），对资生堂等其他品牌选择的机会也很多；31~40岁的人群对国外品牌的选择集中在雅芳（25.9%）、安利（12.1%）、资生堂（12.1%），也多了很多其他的选择；41~50岁的人群的选择比较集中，主要为雅芳（22.7%）、安利（18.2%）；50岁以上的人群主要选择雅芳（27.3%）、CD（15.2%）、倩碧（15.2%）、安利（12.1%）等价位较高且效果更好的品牌。

不同文化程度的人群对国外化妆品的选择有着明显的差别。调查显示：初中及以下学历的受访者基本不使用国外化妆品；高中学历的人群喜欢的国外化妆品，雅芳（17.1%）、CD（14.8%）、资生堂（11.9%）、安利（11.3%）、雅诗兰黛（10.6%）所占比例较大；大专学历的受访人群，喜欢兰蔻（50.0%）、雅诗兰黛（42.6%）、资生堂（42.4%）所占比例较多；本科学历的群体，喜欢娇韵诗（75.0%）、碧欧泉（56.5%）、倩碧（55.8%）、安利（52.8%）等；研究生及以上学历者倾向于CD（14.8%）。从使用国外化妆品的数量来看，高学历者（大专及以上学历）是国外化妆品品牌的主流消费群体。

3. 经济因素对购买国外化妆品品牌的影响

调查显示：每一种化妆品占销售量一半以上的产品都是由月收入为2 000元以下的人群购买；20%左右的产品由月收入2 000~3 000元的人群购买；月收入3 000元以上的人群购买量占总量的20%左右。可见月收入3 000元以下的阶层是购买国外化妆品的主要力量。

（四）结论

一个化妆品品牌要想成功，就得为顾客提供不一样的独特感觉，它包括从产品销售的模式、外包装以及与之相关的各类广告宣传和促销活动，只有对产品进行全方位的革新与创造才能在众多的化妆品品牌中独树一帜。

1. 开发设计产品

企业要创名牌，必须开发设计出具有名牌特质的产品。这种开发设计与名牌产品必须具备两大特点：卓越的质量和完美的设计。产品质量是名牌的生命源泉，在创名牌过程中发挥着巨大的作用。优质产品能够给顾客带来更大的利益和满足，能够减少顾客的购买风险和代价。因此，人们通常倾向于购买优质产品，使用之后感到满意，还会不断重复购买，并向亲朋好友推荐。相反，劣质产品消费者不但不会再购买，而且会劝阻周围人购买。因此，卓越的产品质量是敲开市场大门，顺利进入市场并不断扩大和维护市场占有率的最根本的手段。随着科学技术和经济的发展，产品同质化的趋势越来越明显，企业单靠提高产品质量难以获得明显的竞争优势。同时，消费者收入水平不断提高，消费观念由产品的经济实用转向产品的美观大方和新颖别致。在这种情况下，传统的竞争手段很难打动消费者，所以，产品设计已成为企业创名牌、提高竞争力和经济效益的主导环节和手段。结构和外观的创新融合了现代科学技术和社会文化因素，不但追求产品经济实用，如降低成本、提高功效，而且追求产品方便灵活，美观精致和独特性。另外还能延长产品生命周期、引导消费、创造市场，因此，对提高企业经济效益和市场竞争力以及塑造品牌形象具有巨大的作用。

2. 价格

名牌本身就是一种价值，但高价并不一定能创造名牌。价格是市场竞争的利器，更是树立名牌形象的有力手段。企业在定价时应注意以下因素：①决定价格的主要因素有三点，即产品价值、成本费用和市场供求；②定价目标和方法应以销售利润率为转移，但须兼顾企业的名牌形象，即企业应有长期的战略目标，不拘泥于暂时的得失；③定价策略是赢得顾客，树立名牌形象的工具之一，要灵活运用定价艺术和技巧时，可根据具体情景选择如下策略：心理定价策略、折扣定价策略、差价策略、阶段定价策略、相关产品合格策略。

3. 优质服务

名牌产品必须要与“名牌服务”相配套。现代商业营销学和企业文化学非常重视“服务增值”，因为向顾客提供优质完善的服务对于企业创名牌具有重大的意义。首先，优质的服务可以促进产品销售，从而扩大企业及其品牌的知名度。当今市场竞争激烈，核心产品形成产品正趋向同质化，普通消费者已难以辨别出不同企业的产品在这两个层次上的明显差异，这就使得服务的地位大为提高，成为产品竞争的另一重要方面。谁能提供优质完善的服务，谁就能在产品竞争中脱颖而出，赢得消费者的偏爱，从而增加销量，扩大企业及其品牌的知名度。其次，优质完善的服务能减少消费者的错误购买，使用不当，能对各种问题进行及时的处理和解决，因而可以减少顾客的风险和损失，具有维护企业和品牌美誉度的作用。最后，优质完善的服务可以增加顾客的利益，从而有利于提升企业和品牌的形象。优质完善的服务包含了许多附加利益，如免费送货、维修、培训等，因而，能够增加顾客的满意程度。另外，优质完善的服务是企业向顾客表达尊重的最好方式，不管何时何地，企业对顾客的询问、要求、问题都给予及时的答复、处理会让顾客感到受到了极大的尊重，获得心理上的极大满足。因此企业及其品牌的形象就会在顾客心目中生根发芽，不断提升和强化。

4. 促销

这是名牌战略的核心任务，也是最富变化、最有挑战的营销策略。企业在利用促销策略实施名牌战略时应注意：①选择适当的促销组合、公共关系、营业推广、人员推销构成促销策略组合，企业应综合运用各种促销方式，同时兼顾目标、产品、市场等影响因素；②公共关系和营业推广也是实施名牌战略的重要立足点，更是树立企业良好社会形象的重要手段；③在人员推销时，要建立和管理好企业销售队伍，通过培训不断提高推销人员的促销技巧和整体素质。

5. 广告宣传

广告宣传对名牌的宣传发挥着巨大的作用，在名牌战略中占有非常重要的地位。名牌是高知名度、高美誉度和高占有率的品牌，没有广告宣传，一个品牌要实现这“三高”是很难想象的。在现代社会中，企业所面临的外部经济环境是竞争者众多、市场空间广阔。在这种环境下，企业创名牌仅靠其他推广手段如人员推销、营业推广、公共关系，很难将一个品牌变为名牌。而广告宣传具有信息传递快、覆盖范围广、能够反复宣传等特点，能够迅速有效地提高品牌的知名度。广告宣传还具有很强的表达和表现能力，借助这种能力企业不但能够把卓越的产品质量、精美的产品设计、完善的服务等信息传达到众多的消费者，而且能够塑造独特的品牌形象，提升品牌的美誉度，从而极大地促进产品销售，提高占有率。广告宣传在名牌的创立中的作用是巨大的，但要真正发挥作用，必须对广告宣传进行精心的规划设计，做到创意新颖独特且富有吸引力、广告媒体和时间选择恰当合理。

（五）调查建议

(1) 泰州化妆品市场品牌繁多，竞争激烈，要想在众多名牌中脱颖而出，营运方式相当重要。要以专卖店和大商场专柜作为主要产品的展示宣传场所，通过统一的布局与管理营造高贵、雅致的品牌特色，提升知名度与美誉度。

（2）确立品牌的定位与选择潜在消费人群非常重要，重点应是经济基础较好，相对购买能力较强，对化妆美容有一定认识，且比较注重自己的形象的25～35岁的中青年女性。

（3）丰富销售手段，实行有效的行销组合，不断开展促销活动，并与产品展示相结合。

模块二　目标市场选择与定位训练

2.1　市场细分训练

一、训练目的

通过本项目的训练，使学生能够理解市场细分的概念和意义，熟练运用“七步法”进行市场细分。

二、训练类型

角色模拟

三、学时建议

2 学时

四、训练准备

了解市场细分的基本理论及操作步骤，明确市场细分目标。

五、训练内容

对企业面临的市场进行市场细分。

参考选题：

1. “碧绿园”房地产开发股份有限公司罗定分公司计划投资 3 000 万元在罗定市开发一座楼盘，假设你是该分公司的经理，该如何认识这个市场呢？该楼盘应该选择哪个市场作为目标市场比较合适呢？小组讨论，运用“七步法”对罗定市的房地产市场进行细分。

2. 运用“七步法”对学院周边租房市场进行细分。
3. 运用“七步法”对学院周边服装市场进行细分。

六、训练方案

1. 根据班级情况，将学生进行分组，每组4~5人。
2. 了解相关消费者对产品的需求。
3. 运用“七步法”对相关市场进行市场细分。
4. 将细分标准、细分结果记录整理，形成细分报告。细分报告的基本内容为：

××公司市场细分报告

一、市场细分目的：
二、市场细分基本步骤 第一步： 第二步： 第三步： 第四步： 第五步： 第六步： 第七步：
三、小结：

5. 教师指导；小组成员自我评价得失，各小组之间交流各自的报告，对策划方案进行修改、提交。

市场细分训练成绩评定表

第____小组　　　　　　　　姓名：____________　　　　　　　　学号：________

等级	评价标准	成绩
优秀	1. 态度端正，积极参与，富有团队协作精神。 2. “七步法”运用熟练，使用的细分标准合理，细分结果明确，且能发现市场空缺。 3. 准备充分，熟悉房地产市场，有细分报告。	
良好	1. 态度端正，积极参与，有团队合作意识。 2. “七步法”运用较熟练，使用的细分标准合理，细分结果明确。 3. 准备充分，对房地产市场熟悉。	
及格	1. 态度端正，能按要求参与训练，有集体观念。 2. 能使用“七步法”将整个市场细分成若干个有效的子市场。	
不及格	1. 态度不端正，参与积极性不高，有迟到、早退现象。 2. 事前准备不足，细分结果不明确。 3. 无故缺课，没有参与本次训练。	

（考核时间：201　年　月　日）

七、知识点拨

（一）市场细分的概念及意义

市场细分是指企业根据消费者需求的不同，把整个市场划分成不同的消费者群的过程。其客观基础是消费者需求的异质性。进行市场细分的主要依据是异质市场中需求一致的顾客群，实质就是在异质市场中求同质。

市场细分概念的提出，对于企业的发展具有重要的促进作用：

1. 有利于选择目标市场和制定市场营销策略。
2. 有利于发掘市场机会，开拓新市场。
3. 有利于集中人力、物力投入目标市场。
4. 有利于企业提高经济效益。

（二）市场细分的基本变量

就消费者市场而言，细分变量，归纳起来主要有地理环境因素、人口统计因素、消费心理因素、消费行为因素、消费受益因素等，因而就有了地理细分、人口细分、心理细分、行为细分、受益细分这五种市场细分的基本形式。

地理细分：国家、地区、城市、农村、气候、地形。

人口细分：年龄、性别、职业、收入、教育、家庭人口、家庭类型、家庭生命周期、国籍、民族、宗教、社会阶层。

心理细分：社会阶层、生活方式、个性。

行为细分：时机、追求利益、使用者地位、产品使用率、忠诚程度、购买准备阶段、态度。

受益细分：追求的具体利益、产品带来的益处，如质量、价格、品位等。

（三）市场细分的有效特征

企业进行市场细分的目的是通过对顾客需求差异予以定位，来取得较大的经济效益。众所周知，产品的差异化必然导致生产成本和推销费用的相应增长，所以，企业必须在市场细分所得收益与市场细分所增成本之间作一权衡。由此，我们得出有效的细分市场必须具备以下特征：

1. 可衡量性：指各个细分市场的购买力和规模能被衡量的程度。如果细分变数很难衡量的话，就无法界定市场。

2. 可赢利性：指企业新选定的细分市场容量足以使企业获利。

3. 可进入性：所选定的细分市场必须与企业自身状况相匹配，企业有优势占领这一市场。可进入性具体表现在信息进入、产品进入和竞争进入。考虑市场的可进入性，实际上是研究其营销活动的可行性。

4. 差异性：指细分市场在观念上能被区别并对不同的营销组合因素和方案有不同的反应。

（四）市场细分七步法

“七步分析法”是麦肯锡公司根据他们做过的大量案例，总结出的一套对商业机遇的分析方法。它是一种在实际运用中，对新创公司及成熟公司都很重要的思维、工作方法。

美国学者伊·杰·麦卡锡（E. Jerome McCarthy）所提出的一套逻辑性强，粗略直观却很有实用价值的市场细分程序。其程序具体表述为：

1. 依据需求选定产品市场范围。
2. 列出潜在顾客的基本需求。
3. 分析潜在顾客的不同需求。
4. 移去潜在顾客的共同需求。

5. 为分市场分别取名。
6. 进一步认识各分市场的特点。
7. 测量各分市场的大小。

八、实训表格

1. 实训成绩登记表；2. 实训报告（参考格式附后）

附表 1：实训成绩登记表

实训成绩登记表

任务名称：2.1 市场细分训练　　　　时间：______年____月____日

学号	姓名	实训成绩		
		个人表现	细分报告	总成绩

说明：1. 本项实训任务总成绩计算办法：得两个优秀的小组，总成绩记“优秀”；得一个优秀，且无不及格者，总成绩记“良好”；第一项未得优秀，且第二项为“不及格”者，总成绩记“不及格”；其余总成绩记“及格”。2. 实训项目结束，当场宣布小组及个人成绩。

附表2：实训报告

实训报告

专业：__________ 班级：______ 第____ 实训小组 日期：201__ 年____月____ 日

<table>
<tr><td rowspan="2">教师评语</td><td colspan="3" rowspan="2"></td><td>成绩</td><td></td></tr>
<tr><td>教师签字</td><td></td></tr>
<tr><td>小组名单</td><td colspan="5"></td></tr>
<tr><td>任务编号</td><td></td><td>任务名称</td><td></td><td>学时</td><td></td></tr>
<tr><td>使用教材</td><td colspan="5"></td></tr>
<tr><td colspan="6">一、实训任务

二、实训目的

三、步骤与内容

四、实训总结（主要写收获与不足、感想或建议，字数500字左右）</td></tr>
</table>

（注：本表内容多时可另附页）

2.2 目标市场选择训练

一、训练目的

通过本项目的训练，使学生能够理解目标市场的含义，掌握细分市场的评价方法，选择合适的目标市场。

二、训练类型

角色模拟

三、学时建议

1 学时

四、训练准备

对罗定市房地产市场进行了有效细分。

五、训练内容

结合市场细分的结果，为相关的公司选择合适的目标市场。

参考选题：

1. 为“碧绿园”房地产开发有限公司罗定分公司选择合适的目标市场，并说明理由。

2. 某酒店计划在校园周边开设阳光公寓，请为阳光公寓选择合适的目标市场，并说明理由。

3. 我院同学小李计划在校园周边开设一家服装店，请为服装店选择合适的目标市场。

六、训练方案

1. 根据班级情况，将学生进行分组，每组 4 ~5 人。

2. 结合前面市场细分的结果，小组讨论研究，为公司选择一个合适的目标市场。

3. 记录目标市场选择的结果及理由，整理形成目标市场选择报告。报告基本内容如下：

××公司目标市场选择报告

一、目标市场选择的目的
二、市场及企业情况分析 细分市场分析一： 细分市场分析二： 细分市场分析三： …… 企业情况分析
三、目标市场选择

4. 教师指导；小组成员自我评价得失，各小组之间交流报告，对策划方案进行修改、提交。

目标市场选择成绩评定表

第____小组　　　　　　　姓名：__________　　　　　　　学号：________

等级	评价标准	成绩
优秀	1. 态度端正，积极参与，富有团队协作精神。 2. 所选目标市场为空缺市场，理由充分。 3. 报告内容真实准确，有数据支撑，条理清晰。	
良好	1. 态度端正，积极参与，有团队合作意识。 2. 选择较好的市场作为目标市场，并能说明理由。 3. 报告清晰简洁。	
及格	1. 态度端正，能选择出目标市场，并适当说明理由。 2. 完成了报告。	
不及格	1. 态度不端正，参与积极性不高，有迟到、早退现象。 2. 目标市场选择不合理，没有理由说明。 3. 无故缺课，没有参与本次训练。	

（考核时间：201　年　月　日）

七、知识点拨

（一）目标市场概念及意义

所谓目标市场就是通过市场细分后，企业准备以相应的产品和服务满足其需要的一个或几个子市场。

任何企业都没有足够的人力资源和资金满足整个市场或追求过分大的目标，只有扬长避短，找到有利于发挥本企业现有的人、财、物优势的目标市场，才不至于在庞大的市场上瞎碰乱撞。如太原橡胶厂是一个有 1 800 多名职工，以生产汽车、拖拉机轮胎为主的中型企业。几年前，因产品难以销售而处于困境。后来，他们进行市场细分后，根据企业优势，选择了省内十大运输公司作为自己的目标市场，生产适合晋煤外运的高吨位汽车载重轮胎，打开了销路。正确选择目标市场是太原橡胶厂跨入全国 500 家优秀企业的有效策略之一。

（二）目标市场选择策略

1. 无差异市场营销策略

无差异市场营销策略就是企业把整个市场作为自己的目标市场，只考虑市场需求的共性，而不考虑其差异，运用一种产品、一种价格、一种推销方法，吸引尽可能多的消费者。美国可口可乐公司从 1886 年问世以来，一直采用无差别市场策略，生产一种口味、一种配方、一种包装的产品满足世界 156 个国家和地区的需要，称作“世界性的清凉饮料”，资产达 74 亿美元。采用无差别市场策略，产品在内在质量和外在形体上必须有独特风格，才能得到多数消费者的认可，从而保持相对的稳定性。

这种策略的优点是产品单一，容易保证质量，能大批量生产，降低生产和销售成本。但如果同类企业也采用这种策略时，必然要形成激烈竞争。闻名世界的肯德基炸鸡，在全世界有 800 多间分公司，都是采用同样的烹饪方法、同样的制作程序、同样的质量指标、同样的服务水平，即无差别策略，生意很红火。1992 年，肯德基在上海开业不久，上海荣华鸡快餐店开业，且把分店开到肯德基对面，形成“斗鸡”场面。因荣华鸡快餐把原来洋人用面包作主食改为蛋炒饭为主食，西式沙拉土豆改成酸辣菜、西葫芦条，这样更取悦了中国消费者。所以，面对竞争强手时，无差别策略也有其局限性。

2. 差异性市场营销策略

差异性市场营销策略就是把整个市场细分为若干子市场，针对不同的子市场，设计不同的产品，制定不同的营销策略，满足不同的消费需求。如美国有的服装企业，按生活方式把妇女分成三种类型：时髦型、男子气型、朴素型。时髦型妇女喜欢把自己打扮得华贵艳丽，引人注目；男子气型妇女喜欢打扮得超凡脱俗，卓尔不群；朴素型妇女购买服装讲求经济实惠，价格适中。公司根据不同类妇女的不同偏好，有针对性地设计出不同风格的服装，使产品对各类消费者更具有吸引力。又如某自行车企业，根据地理位置、年龄、性别细分为几个子市场：农村市场，因常运输货物，要求牢固耐用，载重量大；城市男青年，要求快速、样式好；城市女青年，要求轻便、漂亮、闸灵。针对每个子市场的特点，制定不同的市场营销组合策略。

这种策略的优点是能满足不同消费者的不同要求，有利于扩大销售、占领市场、提高企业声誉。其缺点是由于产品差异化、促销方式差异化，增加了管理难度，提高了生产和销售费用。目前只有实力雄厚的大公司采用这种策略。如青岛双星集团公司，生产多品种、多款式、多型号的鞋，满足国内外市场的多种需求。

3. 集中性市场营销策略

集中性市场营销策略亦称聚焦营销，是指企业不是面向整体市场，也不是把力量分散使用于若干个细分市场，而只选择一个或少数几个细分市场作为目标市场。资源有限的中小企业多采用这一策略。这种策略的优点是适应了本企业资源有限这一特点，可以集中力量迅速进入和占领某一特定细分市场。生产和营销的集中性，使企业经营成本降低，但该策略风险较大。如果目标市场突然变化，如价格猛跌或突然出现强有力的竞争者，企业就可能陷入困境。

（三）影响目标市场策略的因素

上述三种策略各有利弊，企业在进行决策时要具体分析产品特点、市场状况和企业本身的特点。影响企业目标市场策略的因素主要有企业资源、产品特点、市场特点和竞争对手的策略四类。

1. 企业资源

资源雄厚的企业，如拥有大规模的生产能力、广泛的分销渠道、产品标准化程度高、好的内在质量和品牌信誉等，可以考虑实行无差异市场营销策略；如果企业拥有雄厚的设计能力和优秀的管理素质，则可以考虑施行差异市场营销策略；而对实力较弱的中小企业来说，适于集中力量进行集中营销策略。企业初次进入市场时，往往采用集中市场营销策略，在积累了一定的成功经验后再采用差异市场营销策略或无差异市场营销策略来扩大市场份额。

2. 产品特点

产品的同质性表明了产品在性能、特点等方面的差异性的大小，是企业选择目标市场时不可不考虑的因素之一。一般对于同质性高的产品如食盐等，宜施行无差异市场营销；对于同质性低或异质性产品，差异市场营销或集中市场营销是恰当选择。

此外，产品因所处的生命周期的阶段不同，而表现出的不同特点亦不容忽视。产品处于导入期和成长初期，消费者刚刚接触新产品，对它的了解还停留在较粗浅的层次，竞争尚不激烈，企业这时的营销重点是挖掘市场对产品的基本需求，往往采用无差异市场营销策略。等产品进入成长后期和成熟期时，消费者已经熟悉产品的特性，需求向深层次发展，表现出多样性和不同的个性来，竞争空前的激烈，企业应适时地转变策略为差异市场营销或集中市场营销。

3. 市场特点

供与求是市场中两大基本力量，它们的变化趋势往往是决定市场发展方向的根本原因。供不应求时，企业重在扩大供给，无暇考虑需求差异，所以采用无差异市场营销策略；供过于求时，企业为刺激需求、扩大市场份额殚精竭虑，多采用差异市场营销或集中市场营销策略。

从市场需求的角度来看，如果消费者对某产品的需求偏好、购买行为相似，则称之为同质市场，可采用无差异市场营销策略；反之，为异质市场，差异市场营销和集中市场营销策略更合适。

4. 竞争对手的策略

企业可与竞争对手选择不同的目标市场覆盖策略。例如，竞争对手采用无差异市场营销策略时，企业选用差异市场营销策略或集中市场营销策略更容易发挥优势。

企业的目标市场策略应慎重选择，一旦确定，应该有相对的稳定，不能朝令夕改。但灵活性也不容忽视，没有永恒正确的策略，一定要密切注意市场需求的变化和竞争动态。

八、实训表格

1. 实训成绩登记表；2. 实训报告（参考格式附后）

附表1：实训成绩登记表

实训成绩登记表

任务名称：2.2 目标市场选择训练　　　　　　　　　时间：201__年____月____日

学号	姓名	实训成绩		
		个人表现	目标市场选择训练	总成绩

说明：1. 本项实训任务总成绩计算办法：得两个优秀的小组，总成绩记“优秀”；得一个优秀，且无不及格者，总成绩记“良好”；第一项未得优秀，且第二项为“不及格”者，总成绩记“不及格”；其余总成绩记“及格”。2. 实训项目结束，当场宣布小组及个人成绩。

附表 2：实训报告

实训报告

专业：__________　班级：______　第____实训小组　日期：201__年____月____日

<table>
<tr><td rowspan="2">教师
评语</td><td colspan="3" rowspan="2"></td><td>成绩</td><td></td></tr>
<tr><td>教师
签字</td><td></td></tr>
<tr><td>小组名单</td><td colspan="5"></td></tr>
<tr><td>任务编号</td><td></td><td>任务名称</td><td></td><td>学时</td><td></td></tr>
<tr><td>使用教材</td><td colspan="5"></td></tr>
<tr><td colspan="6">一、实训任务

二、实训目的

三、步骤与内容

四、实训总结（主要写收获与不足、感想或建议，字数 500 字左右）

</td></tr>
</table>

（注：本表内容多时可另附页）

2.3　市场定位训练

一、训练目的

通过本项目的训练，使学生能够理解市场定位的意义，掌握市场定位的基本原理与方法。

二、训练类型

角色模拟

三、学时建议

2 学时

四、训练准备

对罗定市房地产市场进行有效细分，选定合适的目标市场。

五、训练内容

结合市场细分及目标市场的选择，对企业进行市场定位，并说明理由。

参考选题：

1. 对“碧绿园”罗定分公司开发的楼盘进行市场定位。
2. 对校园“阳光公寓”进行市场定位。
3. 对校园小李的服装店进行市场定位。
4. 对自己进行一次个人定位。
5. 找到一家定位很合理的公司，并了解其定位过程。

六、训练方案

1. 根据班级情况，将学生进行分组，每组 4 ~5 人。
2. 结合前面目标市场选择的结果，小组讨论研究，进行市场定位分析。
3. 记录市场定位的过程及结果，整理形成市场定位报告。定位报告的基本内容为：

××公司市场定位报告

一、市场定位目的
二、定位基本过程 1. 公司潜在的竞争优势 2. 消费者需求及公司竞争优势选择 3. 公司定位及宣传基本思路
三、小结

4. 教师指导；小组成员自我评价得失，各小组之间交流报告，对策划方案进行修改、提交。

市场定位成绩评定表

第____小组　　　　姓名：____________　　　　学号：________

等级	评价标准	成绩
优秀	1. 态度端正，积极参与，富有团队协作精神。 2. 能按照步骤熟练进行市场定位，市场定位特色明显，且符合消费者要求。 3. 报告内容真实准确，有数据支撑，条理清晰。	
良好	1. 态度端正，积极参与，有团队合作意识。 2. 能按照步骤熟练进行市场定位，定位有一定特色，能在一定程度上满足顾客需求。 3. 报告清晰简洁。	
及格	1. 有小组合作，团队分工明确。 2. 能按照步骤完成市场定位。 3. 完成市场定位报告。	
不及格	1. 态度不端正，参与积极性不高，有迟到、早退现象。 2. 市场定位不合理，没有理由说明。 3. 无故缺课，没有参与本次训练。	

（考核时间：201　年　月　日）

七、知识点拨

（一）市场定位的含义

市场定位是指企业针对潜在顾客的心理进行营销设计，创立产品、品牌或企业在目标客户心目中的某种形象或某种个性特征，保留深刻的印象和独特的位置，从而取得竞争优势。

简而言之，就是在客户心目中树立独特的形象。

（二）市场定位的步骤

市场定位的关键是企业要设法在自己的产品上找出比竞争对手更具有竞争优势的特性。竞争优势一般有两种基本类型：一是价格竞争优势，就是在同样的条件下比竞争对手定出更低的价格。这就要求企业采取一切努力来降低单位成本。二是偏好竞争优势，即能提供确定的特色来满足顾客的特定偏好。这就要求企业采取一切努力在产品特色上下工夫。因此，企业市场定位的全过程可以通过以下三大步骤来完成：

1. 分析目标市场的现状，确认潜在的竞争优势

这一步骤的中心任务是要回答以下三个问题：一是竞争对手产品定位如何；二是目标市场上顾客欲望满足程度如何以及还需要什么；三是针对竞争对手的市场定位和潜在顾客的真正需要的利益要求企业应该及能够做什么。要回答这三个问题，企业市场营销人员必须通过一切调研手段，系统地设计、搜索、分析并报告有关上述问题的资料和研究结果。通过回答上述三个问题，企业就可以从中把握和确定自己的潜在竞争优势在哪里。

2. 准确选择竞争优势，对目标市场初步定位

竞争优势表明企业能够胜过竞争对手的能力。这种能力既可以是现有的，也可以是潜在的。选择竞争优势实际上就是企业与竞争对手各方面实力相比较的过程。比较的指标应是一个完整的体系，只有这样，才能准确地选择相对竞争优势。通常的方法是分析、比较企业与竞争对手在经营管理、技术开发、采购、生产、市场营销、财务和产品等七个方面究竟哪些是强项，哪些是弱项。借此选出最适合本企业的优势项目，以初步确定企业在目标市场上所处的位置。

3. 显示独特的竞争优势和重新定位

这一步骤的主要任务是企业要通过一系列的宣传促销活动，将其独特的竞争优势准确传播给潜在顾客，并在顾客心目中留下深刻印象。因此，首先，企业应使目标顾客了解、知道、熟悉、认同、喜欢和偏爱本企业的市场定位，在顾客心目中建立与该定位相一致的形象。其次，企业通过各种努力强化目标顾客形象，保持目标顾客的了解，稳定目标顾客的态度和加深目标顾客的感情来巩固与市场相一致的形象。最后，企业应注意目标顾客对其市场定位理解出现的偏差或由于企业市场定位宣传上的失误而造成的目标顾客模糊、混乱和误会，及时纠正与市场定位不一致的形象。

八、实训表格

1. 实训成绩登记表；2. 实训报告（参考格式附后）

附表 1：实训成绩登记表

实训成绩登记表

任务名称：2.3　市场定位训练　　　　　　　　　　时间：________年____月____日

学号	姓名	实训成绩		
		个人表现	定位策划训练	总成绩

说明：1. 本项实训任务总成绩计算办法：得两个优秀的小组，总成绩记“优秀”；得一个优秀，且无不及格者，总成绩记“良好”；第一项未得优秀，且第二项为“不及格”者，总成绩记“不及格”；其余总成绩记“及格”。2. 实训项目结束，当场宣布小组及个人成绩。

附表 2：实训报告

实训报告

专业：________ 班级：______ 第____实训小组 日期：201__年___月___日

教师评语				成绩	
				教师签字	
小组名单					
任务编号		任务名称		学时	
使用教材					

一、实训任务

二、实训目的

三、步骤与内容

四、实训总结（主要写收获与不足、感想或建议，字数 500 字左右）

（注：本表内容多时可另附页）

模块三　促销策划训练

3.1　营业推广策划训练

一、训练目的

通过本项目的实训让学生在实地调查后加深对各种营业推广理论与方法的理解，培养各种营业推广策划的能力，会写营业推广方案。

二、训练类型

分组交流，角色模拟

三、学时建议

6 学时

四、训练准备

在课余调查的基础上，选定营业推广的标的。建议以学院周边某实体店为对象组织策划。

五、训练内容

1. 熟悉营业推广的含义。
2. 重点掌握营业推广的实施过程。
3. 熟悉营业推广策划方案的写作步骤和流程。
4. 面向消费者和中间商的营业推广方式。

六、训练方案

（一）小组讨论

1. 了解产品，分析销售对象。先由学生根据自己的调查了解确定销售对象，分析产品特点，再由企业人员讲解产品特点与市场特点。为设计营业推广方案奠定基础。

2. 根据收集的信息资料，每位同学设计推广方案。

3. 在小组间分析、评价，选择最佳方案。

4. 结合企业的销售与促销活动，组织实施营业推广方案。

5. 总结评价推广方案。

（二）上交营业推广方案

每位同学将作品签名后上交汇总成册。

（三）完成小组实训报告

成绩评定表

第____小组　　　　　　姓名：____________　　　　　　学号：________

等级	评价标准	成绩
优秀	1. 积极认真从事综合实训活动，主动性强。 2.（策划主题明确，策划活动目的表述准确，内容具有创新性和可行性，策划方案结构合理、内容完整，活动控制措施可行，费用预算具体、合理）达到括号内 4 个要求以上。	
良好	1. 积极认真从事综合实训活动，主动性强。 2.（策划主题明确，策划活动目的表述准确，内容具有创新性和可行性，策划方案结构合理、内容完整，活动控制措施可行，费用预算具体、合理）达到括号内 3 个要求以上。	
及格	1. 达到实习计划中规定的基本要求。 2.（策划主题明确，策划活动目的表述准确，内容具有创新性和可行性，策划方案结构合理、内容完整，活动控制措施可行，费用预算具体、合理）达到括号内 2 个要求以上。	

（续上表）

等级	评价标准	成绩
不及格	1. 态度不端正，参与积极性不高，有迟到、早退现象。 2.（策划主题明确，策划活动目的表述准确，内容具有创新性和可行性，策划方案结构合理、内容完整，活动控制措施可行，费用预算具体、合理）达到括号内2个要求以下。 3. 无故缺课，没有参与本次训练。	

（考核时间：201　年　月　日）

七、知识点拨

（一）营业推广的方法

营业推广包括对消费者进行营业推广、对中间商进行营业推广、对推销人员进行营业推广三种类型，每种类型又有多种方法。营业推广的方法五花八门、数不胜数，但围绕着对消费者进行短期利益诱导这个基本点，可以对各种各样的方法进行分门别类的整理，形成几大系列，以利于有效利用并加以不断创新。

1. 免费赠送

免费赠送是使消费者免费获得企业赠送的物品或利益的推广方法。采用这一类方法，对消费者的刺激度和吸引力最大。

免费赠送主要包括：样品、附赠品、赠品印花。免费样品是将产品免费赠送给预期消费者试用和消费的促销方式。在开拓新市场和新产品导入过程中，免费样品的促销方式可以消除顾客接受时的种种障碍，激发消费者的购买欲望，附赠品是消费者在购买时获赠本产品或其他物品的促销方式。免费赠品可以采用加送本单位的本产品以及在原价基础上加大包装量的方式，也可以采用附赠本企业其他产品的方式。免费赠品对于强化顾客购买欲望、导入新产品和开拓市场都有积极的作用。赠品印花是通过消费者收集赠券、标签、购买凭证等印花获赠有关物品的促销方式。采用赠品印花的方式可以促使消费者持续购买，培养顾客的忠诚度。

2. 折扣优惠

折扣优惠是企业对消费者折扣让利的促销方法。通过折扣优惠，使消费者在购买过程中以较少的价格获得更多的产品和利益。

折扣优惠的方法主要包括：折价券、折扣、自助获赠、还款优惠、合作广告。折价券是向潜在顾客发送小面额有价证券，持券人凭券购买商品时享受优惠的促销方式。折扣是通过调低商品的价格售给消费者的促销方式。自助获赠是指顾客将购买某种商品的凭证附上少量的货币换取赠品的促销方式。还款优惠是指顾客通过提供购买商品的凭证以获取购物的全款或部分款项的促销方式。合作广告是制造商为强化伙伴关系与经销商合作开展广告宣传活动的促销方式。通常制造商提供给经销商的优惠是：提供详细的产品技术宣传资料、协助零售商进行店面设计、合作进行广告活动等。

3. 促销竞赛

促销竞赛是利用人们的竞争心理，通过组织相关的竞赛活动以达成促销目的的促销方式。促销竞赛包括：消费者竞赛、经销商竞赛、销售人员竞赛。消费者竞赛是通过组织消费者参与多种形式的竞赛活动，强化产品的顾客扩展，以达到促销的目的。经销商竞赛一方面可以激发经销商的合作兴趣，加大进货和分销力度；另一方面，可以密切制造商与经销商的关系，加强彼此的协作。销售人员的竞赛有利于提高销售人员个人或团队的销售量，同时也有利于促进销售人员之间的互相学习和共同提高。

4. 组合推广

组合推广是通过一些综合性的手段，进行商品促销的方式。它主要包括：示范推介、财务激励、联合促销、连锁促销、会员制促销。示范推介是通过对产品的操作示范或组织产品推介活动等形式来进行促销。财务激励是通过消费信贷方式开展的促销活动。联合促销是两个以上的厂商共同开展的促销活动，如航空业与旅游业的联合促销活动。连锁促销是通过连锁方式进行的促销活动，比之单个企业的促销活动，显然具有整体促销的效益。会员制促销是通过会员制或俱乐部的方式，对会员在一定时期进行折扣促销，这有助于吸引顾客入会以享受长时期的优惠。

（二）企业进行营业推广时应考虑的因素

1. 目标

营业推广必须有明确的目标。企业应根据目标市场和整体策略来确定推广目标，依据推广目标制订周密的计划。当然，由于消费者、中间商、企业、事业单位有各自不同的购买特点，在确定目标和制订计划时应区别对待，并把长期目标与短期目标有机地结合起来。

2. 费用

营业推广是企业重要的促销。通过营业推广可以使销售额增加，但同时也增加了费用。企业要权衡费用与营业收益的得失，把握好所费与所得的正确比值，从而确定促销的规模和程度。

3. 对象

各种营业推广手段对于不同的对象，其作用是有很大差别的。实践证明，营业推广的对象主要是那些“随意型”顾客和价格敏感度高的消费者。对于已经养成固定习惯的老顾客，营业推广的作用要小一些，因此，对象的选择要因时、因地制宜。

4. 媒体

企业必须通过最佳的媒体来实施营业推广。比如一张优惠券，既可以放在产品包装袋里赠送，也可以在购买产品时当场分发，或附在报刊广告中给予；又如，为了扩大某种商品销售，企业拟给予顾客10%的价格折扣，但这一信息通过什么媒体传播出去，需要很好地研究。一般来说，媒体的选择必须考虑媒体的普及率及费用支出等情况，权衡利弊，从优确定。

5. 期限

营业推广的时间选择必须符合整体营销策略，并与其他经营活动相协调。如果时间太短，不少有希望的潜在买主，也许恰好在这个阶段没有采购欲，从而收益甚微；如果推广时间太长，又会给消费者造成一种印象，认为这不过是种变相减价，因而降低吸引力。因此，时间选择要恰到好处，既要给消费者“欲购从速”的吸引力，又要避免草率从事。

6. 效果

营业推广的效果体现了营业推广的目的。每次营业推广后，都要对营业推广的效果进行评价。推广效果评价的一般方法有：比较法（即比较推广前后销售额的变动情况）、顾客调查法、实验法等。企业可通过这些方法取得营业推广的成果资料，并与推广目标和计划进行分析比较，肯定成绩，找出问题，以便控制和调整营业推广过程，实现推广目标。

八、实训表格

1. 实训成绩登记表；2. 实训报告（参考格式附后）

附表1：实训成绩登记表

实训成绩登记表

任务名称：3.1　营业推广策划训练　　　　时间：＿＿＿＿年＿＿月＿＿日

学号	姓名	实训成绩		
		小组讨论	策划报告	总成绩

说明：1. 本项实训任务总成绩计算办法：得两个优秀的小组，总成绩记“优秀”；得一个优秀，且无不及格者，总成绩记“良好”；第一项未得优秀，且第二项为“不及格”者，总成绩记“不及格”；其余总成绩记“及格”。2. 实训项目结束，当场宣布小组及个人成绩。

附表 2：实训报告

实训报告

专业：__________ 班级：______ 第____ 实训小组 日期：201__ 年____月____ 日

<table>
<tr><td rowspan="2">教师
评语</td><td rowspan="2" colspan="3"></td><td>成绩</td><td></td></tr>
<tr><td>教师
签字</td><td></td></tr>
<tr><td>小组名单</td><td colspan="5"></td></tr>
<tr><td>任务编号</td><td></td><td>任务名称</td><td></td><td>学时</td><td></td></tr>
<tr><td>使用教材</td><td colspan="5"></td></tr>
<tr><td colspan="6">一、实训任务

二、实训目的

三、步骤与内容

四、实训总结（主要写收获与不足、感想或建议，字数 500 字左右）</td></tr>
</table>

（注：本表内容多时可另附页）

九、实例参考

好又多超市夏季公关活动策划方案

（一）公关活动目的

此次活动主要针对夏日时令消费商品为主，目的是扩大和增加夏日时令商品的销售，扩大我超市的固定消费群，进而带动商品的销售；最后通过此次公关活动使顾客对我超市有更好的印象，树立企业形象。

（二）目标顾客

附近居民及暑假留校学生

（三）活动策略

以推广的方式和折价优惠策略为主，辅以连带组合促销、会员优惠券和有奖销售策略。

（四）推广主题

活动主题1：冰爽夏日　激情回馈（会员优惠）

活动主题2：真情互动　实惠罕见

活动主题3：购物风光无限　天天特价不断

（五）推广活动方式与组织过程

1. 冰爽夏日　激情回馈（会员优惠）

活动时间：6月29日—7月3日

活动内容：

（1）增加会员优惠商品，会员商品八折优惠（特价商品除外），通过会员优惠刺激商品销售，扩大固定消费群。

（2）宣传海报增加优惠券，凭购物小票和优惠券即可在服务台领取礼品，每人限一份，可以提升海报宣传的效率并拉动部分消费群体来本超市购买商品。

（3）推出一批购买量大的特价时令商品。

2. 真情互动　实惠罕见

活动时间：7月13日—7月16日

活动内容：

（1）夏季商品全场折扣销售凉席、拖鞋、服饰、啤酒、蚊香、杀虫水、夏季时令水果、蔬菜等，每天不定时推出不同商品做活动。

（2）天天特价不断，活动期间百余种商品价位全线下调，再次冲击，低价绝对震撼，主推夏季时令商品，夏季是许多水果的盛产期，价格便宜，可以通过大批量进货来降低进货价格，从而以低价格出售，让利顾客。

（3）在活动期间一次性购物满66元，即可享受“惊爆”价啤酒抢购，每日限量供应100提，每人限购1提（1提6听装）。

3. 购物风光无限　天天特价不断

活动时间：7月20日—7月24日

活动内容：季节性食品简报促销

活动方式：

（1）对外宣传海报。

（2）客服安排，对于海报回收和礼品、购物券的兑换。

（3）收银台安排布置，强调注明会员优惠和会员卡的兑换。

前期准备：各组联系会员活动商品，活动人员安排，海报宣传制作，会员卡的统计准备。

（六）推广费用预算

1. 宣传海报（6月29日—7月3日），5 000份，正8开，650元。
2. 宣传海报（7月13日—7月16日），5 000份，正8开，650元。
3. 宣传简报（7月20日—7月24日），4 000份，A4，160元。
4. 商品卖场内宣传（3次活动，共200元）。

合计：1 660元。

（七）推广效果评价（略）

3.2　广告文案策划训练

一、训练目的

通过本项目的训练，加深学生对广告文案的正确认识，进一步熟悉广告文案创作的基本要求与技巧，初步具备策划和撰写广告文案能力。

二、训练类型

情景模拟，项目实训

三、学时建议

6 学时

四、训练准备

1. 教师结合实例，精讲广告文案写作要领。

2. 各组准备撰写广告文案用 A4 纸一张。

3. 学生策划实际项目时，要以真实企业（实体店）为依据，做好相关调查，了解策划对象的背景资料，熟悉其主要特点及市场优势，为广告方案创作提供依据。

五、训练内容

（一）情景模拟

在以下三项产品中任选一项作为策划对象，在此基础上，你还可以合理补充相关资料。要求在小组讨论的基础上，为选定对象策划一则广告口号，并撰写一则简短的广告文案。正文为 300 字左右，最多不超过 500 字。

1. 鹊桥婚介网（专业婚介平台，会员超过 3 000 万）。

2. 松本电工（专业生产各类电器开关，30 年历史）。

3. 豪迈（Home）家具（致力于为酒店、宾馆及家庭使用的各类高档家具）。

（二）项目实训

为某公司策划一份完整的广告文案。正文以 300 ~ 500 字为宜，最多不超过 800 字。

参考选题：

1. 为学院周边某餐饮企业，设计一则端午节促销广告文案。

2. 为学院周边某即将开张的礼品店，设计一则开业促销广告文案。

3. 为学院周边某服装店，设计一则情人节促销广告文案。

4. 为当地某即将开盘的楼盘，设计一则促销文案。

六、训练方案

1. 根据班级情况，将学生进行分组，每组4~5人。

2. 小组认真讨论确定策划选题，按要求完成广告文案。

3. 课堂完成第一项情景模拟训练，并提交纸质策划文案，电子文案在提交纸质文案后三天内上交。第二项项目实训，可在课堂完成讨论、确定策划选题、撰写策划文案等工作，相关调查可利用课余时间完成。建议最好利用以前项目的调查成果，以节省时间。

4. 教师指导；小组成员自我评价得失，各小组之间交流报告，对策划方案进行修改、提交，完成实训报告。

5. 成绩评定。

广告文案策划成绩评定表

第____小组　　　　姓名：____________　　　　学号：________

等级	评价标准	成绩
优秀	1. 态度端正，积极参与，富有团队协作精神，无人缺席。 2. 策划作品角度新颖、表达准确，内容完整，突出产品特点。 3. 字数符合要求，无病句、无错别字。	
良好	1. 态度端正，积极参与，有团队合作意识，缺席不超过1人。 2. 策划作品有一定创意、表达准确，内容完整，符合产品特点。 3. 字数不超过规定要求100字，无病句、无错别字。	
及格	1. 态度端正，积极参与，有团队合作意识，缺席不超过1人。 2. 策划作品表达较准确，内容完整，基本符合产品特点。 3. 字数不超过规定要求200字，病句不超过2句、错别字不超过3个。	
不及格	1. 态度不端正，参与积极性不高，有迟到、早退现象。 2. 策划文案思路不清晰，字迹潦草，与产品特点不符。 3. 超过2人缺席。 4. 字数不超过规定要求200字，病句超过2句、错别字超过3个字。	

（考核时间：201　年　月　日）

七、知识点拨

（一）广告文案的含义

广告文案创作是广告策划的重要内容之一。所谓广告文案通常是指广告信息内容的文字表现形式。广义的广告文案是指广告作品的全部，它不仅包括语言文字部分，还包括图画等部分。狭义的广告文案仅指广告作品的语言文字部分。

（二）广告文案创作的原则与要求

广告文案创作的三大原则：真实性原则、原创性原则、有效传播原则。

广告文案创作具体要符合四项要求：

1. 准确规范、点明主题

准确规范是广告文案中最基本的要求。要实现对广告主题和广告创意的有效表现和对广告信息的有效传播，首先，要求广告文案中语言表达规范完整，避免语法错误或表达残缺。其次，广告文案中所使用的语言要准确无误，避免产生歧义或误解。再次，广告文案中的语言要符合语言表达习惯，不可生搬硬套，自己创造词汇。最后，广告文案中的语言要尽量通俗化、大众化，避免使用冷僻以及过于专业化的词语。

2. 简明精炼、言简意赅

广告文案在文字语言的使用上，要简明扼要、精练概括。首先，要以尽可能少的语言和文字表达出广告产品的精髓，实现有效的广告信息传播。其次，简明精练的广告文案有助于吸引广告受众的注意力和迅速记住广告内容。最后，要尽量使用简短的句子，以防止受众因冗长语句所带来的反感。

3. 生动形象、表明创意

广告文案中的生动形象能够引起受众的注意，激发他们的兴趣。国外研究资料表明：文字、图像能引起人们注意的百分比分别是22%、78%；能够唤起记忆的百分比分别是65%、35%。这就要求在进行文案创作时采用生动活泼、新颖独特的语言的同时，辅助以一定的图像来配合。

4. 动听流畅、上口易记

广告文案是广告的整体构思，对于由其中诉之于听觉的广告语言，要注意其优美、流畅和动听，使其易识别、易记忆和易传播，从而突出广告定位，很好地表现广告主题和广告创意，产生良好的广告效果。同时，也要避免过分追求语言和音韵美，而忽视广告主题，生搬硬套，牵强附会，因文害意。

（三）广告文案的结构与内容

一份完整的广告文案是由标题（或加副标题）、广告正文、广告口号和随文组成的。它是广告内容的文字化表现。在广告设计中，文案与图案图形同等重要，图形具有前期的冲击力，广告文案具有较深的影响力。

1. 广告标题

它是广告文案的主题，往往也是广告内容的诉求重点。它的作用在于吸引人们对广告的注意，给人们留下印象，引起人们对广告的兴趣。只有当受众对标语产生兴趣时，才会阅读正文。广告标语的设计形式有情报式、问答式、祈使式、新闻式、口号式、暗示式、提醒式等。广告标语撰写时要语言简明扼要，易懂易记，传递清楚，新颖个性，句子中的文字数量一般掌握在 12 个字以内为宜。

2. 广告副标题

它是广告方案的补充部分，起到点睛的作用，主要表现在对标题的补充方面。

3. 广告正文

广告正文是对产品及服务，以客观的事实、具体的说明，来增加消费者的了解与认识，以理服人。

广告正文撰写内容要实事求是，通俗易懂。不论采用何种题材式样，都要抓住主要的信息来叙述，言简意明。

4. 广告口号

口号是战略性的语言，目的是经过反复和相同的表现，以便找出与其他企业的差别，使消费者掌握商品或服务的个性。这已成为推广商品不可或缺的要素。广告口号常有的形式有：联想式、比喻式、许诺式、推理式、赞扬式、命令式。广告口号的撰写要注意简洁明了、语言明确、独创有趣、便于记忆、易读上口。

有完整型广告文案，当然也有不完整型广告文案。不完整型广告文案，可以缺少文案中的一个部分（如附文），也可以缺少其中的两个部分（缺正文和附文）。主要有四种类型：仅有广告标题、广告口号、产品品牌、企业名称。前两种可以合称为“广告页”。

5. 随文

随文，也称“附告”，是在正文之后的必要说明，即附带告诉人们的一些内容，包括广告单位的名称、地址、电话号码、邮政编码、银行账号、购买手续等，对消费者起购物指南的作用。

（四）广告文案的表现形式

1. 直销型

这种类型又叫“解释性正文”或“为什么型正文”，是由克劳德·霍普金斯在20世纪初首创并推广的。

大卫·奥格威在他的广告生涯中始终忠实地采用直销式，在广告正文中最大限度地告知受众广告主题和广告商品信息。如他为劳斯莱斯汽车所撰写的文案即为一个典型的直销式广告正文。

标题：“当这辆新型的‘劳斯莱斯’以时速60英里行驶时，最大噪音发自车内的电子钟”

次标题：“什么原因使得‘劳斯莱斯’成为世界上最好的车子?”

一位知名的“劳斯莱斯”工程师说：“说穿了，根本没有什么真正的戏法——这只不过是耐心的注意到细节。”

1. 行车技术主编报告：“在时速60英里时，最大闹声是来自电子钟。引擎是出奇的寂静。三个消音装置把声音的频率在听觉上拔掉。”

2. 每个“劳斯莱斯”的引擎在安装前都先以最大气门开足7小时，而每辆车子都在各种不同的路面试车数百英里。

3. “劳斯莱斯”是为车主自己驾驶而设计的，它比国内制造的最大型车小18英寸。

……

2. 故事型

在广告正文中通过故事情节的发展来吸引消费者。有的采用对话的形式讲述一个故事，有的采用连环画的形式描述一个故事。在广告文案构思中，以故事型完成广告正文，能够以故事情节揭示广告主题，传播广告产品的属性、功能和价值等，能够创造出一种轻松的信息传播与接受氛围。此类广告的吸引力和记忆度较强。

3. 抒情式

广告正文采用散文、诗歌等形式来完成。这种形式凝练精美，能够表现出真挚情感，给人耳目一新的感受。在1935年，李奥·贝纳为明尼苏达流域罐头公司的绿色巨人牌豌豆做文案时，为了表现豌豆的新鲜和饱满，制作了一幅连夜收割、包装豌豆的画面，并且在画上设计了一个捧着一只大豆的巨人形象。本来标题可以简单地拟作“即时的包装”或“新鲜罐装豌豆”等，但是贝纳却别出心裁地选用了一种浪漫的、诗情画意的语言，以“月光下的收成”为标题，将人们带入一种优美的意境和氛围。具体如下：

标题：月光下的收成

文案：无论日间或夜晚，绿色巨人豌豆都在转瞬间选妥，风味绝佳……从产地至装罐不超过3小时。

4. 功效型

这种类型实际上是直销型的分支，它所强调的是广告产品所能够给消费者带来的功效。如北京亚都生物技术公司的新产品DHA的广告文案：

广告标题：蕴藏深海寒带的奥秘
　　　　　来自北京亚都的神奇

广告副题：科学奉献亚都DHA缓释胶囊

广告文案：最新一代智力保健品——亚都DHA，是采用现代生物高技术研制开发的新型保健品，系缓释胶囊型。旨在补充人们大脑发育、智力增长所必需的重要物质；DHA即二十二碳六烯酸，主要来源于深海鱼类的鱼油，乃是人类脑细胞生长发育必需的结构物质。

“亚都DHA”不仅是增进胎儿脑细胞发育、提高智力的营养物质，并且具有增强幼童、青少年和中老年人的思维判断能力、记忆力、反应速度和感觉功能的神奇作用。

广告口号：亚都DHA——给您聪明的大脑、健康的心

5. 断言型

在广告正文中，直接阐述自己的观念和希望，以此来影响受众的心理。这种类型的广告正文一般都采用断定式的语句来框架整个广告文案。威廉·伯恩巴克的广告文案杰作之一——“慷慨的旧货换新”，即为典型的断言型。

标题：慷慨的旧货换新

副标题：带来你的太太
　　　　只要几块钱

……我们将给你一位新的女人

文案正文：

为什么你硬是欺骗自己，认为你买不起最新的与最好的东西？在奥尔巴克百

货公司，你不必为买美丽的东西而付高价。有无数种衣物供你选择——一切全新，一切使你兴奋。

现在就把你的太太带给我们，我们会把她换成可爱的新女人——仅只花几块钱而已。这将是你有生以来最轻松愉快的付款。

奥尔巴克　纽约·纽渥克·洛杉矶

广告口号：做千百万的生意，赚几分钱的利润

6. 幽默型

在广告文案中，借用幽默的笔法和俏皮的语言完整地表达广告主题，使受众在轻松活泼的氛围中接受了广告信息。如某眼镜广告——“眼睛是心灵的窗子，为了保护好您的心灵，请在您的窗子上安上玻璃吧！”在马来西亚柔佛州的交通要道上有不少幽默式交通广告，有一则广告文案如下：

阁下：

驾驶汽车时速不超过30英里，您可饱览本地的美丽景色；

超过80英里，欢迎光顾本地设备最新的急救医院；

上了100英里，那么请放心，柔佛州公墓已为您预备了一块挺好的墓地。

此广告幽默的警告，别出心裁，匠心独具。其中并无星点警告性语词，也没有片言惩罚的字样，但大凡读过此广告的人都会禁不住拍案叫绝，相信这则交通广告要比我们常见到的“超速行驶，罚款××元”的广告更具说服力。

7. 证言型

在广告正文中提供权威人士或者著名人士对商品的鉴定、赞扬、使用和见证等，以达到对消费者的告知、诱导和说服。证言型正文中所常用的手法有：专家学者、权威人士和社会名流的证明；权威性的专业机构与专业报刊的评价；各种试验和消费者的调查与推荐。

（五）广告文案策划注意事项

1. 充分调研

事前的充分调查是搞好广告文案策划的必要条件。广告文案策划调查的主要任务是要系统地收集有关消费者的基本状况、消费观念、消费态度和消费行为等方面的资料；要全面了解产品自身情况、市场需求情况与同类产品竞争情况等一切与广告活动有关的信息。

2. 受众分析

主要回答以下几个问题：为什么做广告？做什么广告？广告做给谁看？弄清楚他们对产品的期待、喜欢（讨厌）什么样的广告、消费行为和心理。通过什么渠道发布？既要充分考虑不同消费者群体的媒体消费习惯和偏爱，适合受众心理，又要顾及不同广告媒体自身的特点，因为不同媒体对广告文案策划的要求是不同的。

八、实例参考

（一）美国旅行者保险公司广告

文案：

当我 28 岁时，我认为今生今世我很可能不会结婚了。我的个子太高，双手及两条腿的不对头常常妨碍了我。衣服穿在我身上，也从来没有像穿到别人身上那样好看。似乎绝不可能有一位护花使者会骑着他的白马来把我带走。

可是终于有一个男人陪伴我了。爱维莱特并不是你在 16 岁时所梦想的那种练达世故的情人，而是一位羞怯并拙笨的人，也会手足无措。

他看上了我不自知的优点。我才开始感觉到不虚此生。事实上我俩当时都是如此。很快的，我们相互融洽无间，我们如不在一起就有怅然若失的感觉。所以我们认为这可能就是小说上所写的那类爱情故事，以后我们就结婚了。

那是四月中的一天，苹果树的花盛开着，大地一片芬芳。那是近 30 年前的事了，自从那一天之后，几乎每天都如此不变。

我不能相信已经过了这许多岁月，岁月载着爱维和我安静地度过，就像驾着独木舟行驶在平静的河中，你感觉不到舟之移动。我们从未去过欧洲，我们甚至没去过加州。我认为我们并不需要去，因为家对我们已经是够大了。

我希望我们能生几个孩子，但是我们未能达成愿望。我很像圣经中的撒拉（Sarah），只是上帝并未赏赐我以奇迹。也许上帝想我有了爱维莱特已经够了。

唉！爱维在两年前的四月中故去。安静地，含着微笑，就和他生前一样。苹果树的花仍在盛开，大地仍然充满了甜蜜的气息。而我则怅然若失，欲哭无泪。当我弟弟来帮助我料理爱维的后事时，我发觉他是那么的体贴关心我，就和他往常的所作所为一样。在银行中并没有给我存很多钱，但有一张照顾我余生全部生活费用的保险单。

就一个女人所倾心相爱的男人过世之后而论，我实在是和别的女人一样心满意足了。

（二）怡丰新城广告

森林在不断生长，幸福也是。

怡丰新城·溢彩居社区森林公园新添五百株成年树木，完美了你的森林住宅——怡丰新城，一个更适合居住的地方。他们选择这里的理由很简单，也很实在，因为只有这里，敢于为多层住宅造森林；只有这里，敢于用1/4的面积建社区公园；只有这里，精心做到了每一户都拥有极佳景观。他们认为只有将业主的居住感受放在第一位的开发商，才真正值得信赖。其实一直以来，我们都在努力做得更好。6月，在森林公园开辟休闲广场；7月，新购进价值几百万的成年树木；今后，我们还会不断完美你的家园。因为你全家的幸福，对我们很重要。

（三）经典广告口号10例

1. 一笔勾销——攀特牌涂改笔广告
2. “酱”出名门，传统好滋味——某酱菜广告
3. 牙好，胃口就好——蓝天六必治牙膏广告
4. 登月之前，请来瑞士一游——瑞士旅游广告
5. 一呼天下应——润讯通信广告
6. 你所委托　我必承诺——美联物业广告
7. 输入千言万语，打出一片深情——四通打字机广告
8. 今年二十，明年十八——白丽美容香皂广告
9. 路遥知马力，日久见“跃进”——跃进牌汽车广告
10. 除了钞票，承印一切——法国某印刷厂广告

九、实训表格

1. 实训成绩登记表；2. 实训报告（参考格式附后）。

附表1：实训成绩登记表

实训成绩登记表

任务名称：3.2 广告文案策划训练　　　　　　　　时间：________年____月____日

学号	姓名	实训成绩		
		情景模拟	项目实训	总成绩

说明：1. 本项实训任务总成绩计算办法：得两个优秀的小组，总成绩记“优秀”；得一个优秀，且无不及格者，总成绩记“良好”；第一项未得优秀，且第二项为“不及格”者，总成绩记“不及格”；其余总成绩计“及格”。2. 实训项目结束，当场宣布小组及个人成绩。

附表2：实训报告

实训报告

专业：__________ 班级：______ 第____ 实训小组 日期：201 _ 年____月____ 日

<table>
<tr><td rowspan="2">教师
评语</td><td colspan="3" rowspan="2"></td><td>成绩</td><td></td></tr>
<tr><td>教师
签字</td><td></td></tr>
<tr><td>小组名单</td><td colspan="5"></td></tr>
<tr><td>任务编号</td><td></td><td>任务名称</td><td></td><td>学时</td><td></td></tr>
<tr><td>使用教材</td><td colspan="5"></td></tr>
<tr><td colspan="6">一、实训任务</td></tr>
<tr><td colspan="6">二、实训目的</td></tr>
<tr><td colspan="6">三、步骤与内容</td></tr>
<tr><td colspan="6">四、实训总结（主要写收获与不足、感想或建议，字数500字左右）</td></tr>
</table>

（注：本表内容多时可另附页）

3.3　公关专题策划训练

一、训练目的

通过本项目的训练，使学生能够根据企业公关需要进行公关调查，策划公关专题活动方案，以进一步增强学生的沟通能力和公关策划能力，巩固公关专题策划相关知识。

二、训练类型

实战训练：为企业、学校或其他组织做一次公关专题活动策划。

三、学时建议

6 学时

四、训练内容

1. 公关专题活动策划。
2. 本实训任务全部结束后，完成实训报告。

五、训练方案

1. 将受训学生分为若干组，每组成员 4 ~ 8 人，并确定一名组长，统领本小组的实训活动。

2. 选定一个企业、学校或其他组织作为自己的服务对象（建议以学校众多的社团活动为依托进行，如某某协会成立周年庆典、毕业生供需见面会策划方案、某某协会成立大会等）。

3. 各位同学根据具体内容分工合作。

4. 小组形成公关专题活动策划方案。

5. 小组自评，各小组互评，每位同学完成实训总结。

6. 实训任务全部结束后，各小组撰写公关专题策划书和实训报告。

成绩评定表

第____小组　　　　　　姓名：____________　　　　　　学号：________

等级	评价标准	成绩
优秀	1. 态度端正，积极参与，富有团队协作精神。 2. 准备充分，策划方案完整、新颖。 3. 沟通能力较强，在听、说、问、答技巧运用方面有3个以上亮点，无明显失误。	
良好	1. 态度端正，积极参与，有团队合作意识。 2. 准备较充分，策划方案完整、较新颖。 3. 沟通能力较强，在听、说、问、答技巧运用方面有2个以上亮点，明显失误不超过1处。	
及格	1. 态度端正，能按要求参与训练，有集体观念。 2. 事前有准备，策划方案完整。 3. 沟通能力较强，在听、说、问、答技巧运用方面有1个以上亮点，明显失误不超过2处。	
不及格	1. 态度不端正，参与积极性不高，有迟到、早退现象。 2. 事前准备不足，策划方案欠缺完整性。 3. 沟通不顺畅，在听、说、问、答技巧运用方面无亮点，明显失误超过2处。 3. 无故缺课，没有参与本次训练。	

考核时间：201　年　月　日

六、知识点拨

（一）公共关系专题活动及其作用

所谓公共关系专题活动，是指社会组织为了某一明确目的，围绕特定主题而精心策划的公共关系活动。公共关系专题活动是社会组织与广大公众进行沟通、塑造自身良好形象的有效途径。因此，国内外许多组织经常采用公共关系专题活动的形式来扩大影响，提高声誉。

公共关系专题活动的基本特征：

（1）必须有一个明确的主题。

（2）必须经过精心策划才能实现。

（3）通常与某一种类型的公众进行重点沟通。

（4）必须是针对某一个明确的问题而开展的，具有极强的针对性。

（二）开展各专题活动应注意事项

1. 赞助活动

企业搞好赞助活动应注意以下事项：

（1）企业的赞助活动，应以企业和企业所面对的社会环境为出发点，制定出切实可行的公共关系政策、方针和策略，切忌盲目而行。

（2）企业应将公共关系政策公之于众，保持与被赞助者和需要赞助的活动组织者之间的联系，用财政预算的应捐款项，及时帮助有难者。另外，企业应将赞助计划列入企业为其生存和发展创造环境的长期计划，分清所需赞助事业的轻重缓急，逐步实施。

（3）企业的公共关系部，应随时把握社会赞助的供求状况，做到灵活掌握赞助款项。

（4）企业对赞助活动的科学管理，必使其善举“广”行，由此创造出的良好的社会效益，必然会得到社会的广泛支持。

2. 庆典活动

要办好一次庆典活动，应认真做好以下工作：

（1）精心选择对象，发出邀请，确定来宾。庆典活动应邀请与组织有关的政府领导、行政上级、知名人士、社区公众代表、同行组织代表、组织内部员工和新闻记者等前来参加。

（2）合理安排庆典活动的程序。庆典活动的程序，一般由几方面内容组成：安排专门主持人宣布活动开始，介绍重要来宾，由组织的领导和重要来宾致辞或讲话；有些活动，需要有剪彩和参观的安排；安排交流的机会（或座谈、宴请，或安排喜庆、余兴的节目，席间进行交流）；重要来宾的留言、题字（该项活动，也可安排在活动开始前）。

（3）安排接待工作。庆典活动开始前，应做好一切接待准备工作。接待和服务人员要安排妥当，活动开始前所有有关人员应各就各位。重要来宾的接待，应由组织的首脑亲自完成。要安排专门的接待室或会议室，以便在正式活动开始前，让来宾休息或与组织的领导交谈。入场、签到、剪彩、留言等活动，都要有专人指示和领位。

（4）物质准备和后勤、保安等工作。庆典活动的现场，需要有音响设备、音像设备、文具、电源等。需要剪彩的，要有彩绸带。鞭炮、锣鼓等在特殊场合，也要有所准备。宣传品、条幅和赠与来宾的礼品，也应事前准备好。赠送的礼品要与活动有关或带有企业的标志。另外，为活动助兴，可以安排一些短小精彩的文艺节目，这些节目可以组织内部人员表演，也可以邀请有关文艺团队或人员表演，节目争取要有特色。

总之，只要做到认真充分，热情有礼，热烈有序，就会使庆典活动取得成功。

3. 开放组织

如何搞好开放组织活动。任何一个组织，特别是企业要想搞好开放组织活动，必须从以下方面去考虑：

(1) 明确目的。组织的任何一次对外开放活动，都应确定一个明确的主题，即通过这次活动让公众留下怎样的印象，取得什么效果，达到什么目的。

(2) 安排时间。组织对外开放的时间以不影响组织的正常工作为标准，同时要考虑选择公众方便的时候开放。另外，要有足够的时间来准备开放组织活动的工作。

(3) 成立专门机构。为使开放组织活动办得有声有色、尽善尽美，最好成立一个专门的筹备委员会，其成员可包括组织的领导成员、公关人员、行政人员和人事部门人员等。

(4) 做好宣传工作。要想使开放组织活动获得成功，最重要的是做好各种宣传工作。如编写通俗易懂的解说词，准备一份简单明了的说明书，搞好环境卫生和参观地点的装饰、场景的布置、实物的陈列等。

(5) 做好向导。应当有专人做向导工作，有向导陪同参观者沿着计划好的参观路线进行参观，并设置明显的路标为参观者导向，在人们可能最感兴趣的地方，安排专人集中讲解。

(6) 做好服务接待工作。对参观者应热情友好、服务周到，认真做好接待工作。要提供休息场所，还可适当提供一些娱乐活动，开放俱乐部等。有条件的可准备一些茶水、饮料、点心等，还可准备签名册，以作纪念。

4. 展览会

为使展览会办得卓有成效，组织应认真做好以下工作：

(1) 分析参展的必要性和可行性。在举办展览会之前，首先要分析其必要性和可行性。展览会需要投入较多的人力、物力和财力，如果不进行科学的分析论证，就有可能造成两个不良后果：一是费用开支过大而得不偿失；二是盲目举办而起不到应有的作用。

(2) 明确主题。每次展览会都应有一个明确的主题，并将主题用各种形式反映出来，如主题性口号、主题歌曲、徽标、纪念品等。必须弄清楚是要宣传产品的质量、品种，还是要宣传组织形象；是要提高组织的知名度，还是要消除公众的误解。

(3) 构思参展结构。组织经营生产的产品，其组合的深度、广度、密度各不相同，项目和品牌差别也很大。哪些产品参展，其参展产品的深度、广度、密度如何确定，参展产品项目和品牌怎样搭配，都需要认真构思。

(4) 选择地点和时机。地点的选择要考虑三个因素：交通是否便利？周围环境是否有利？辅助系统如灯光系统、音响系统、安全系统、卫生系统等是否健全？如果自己组织的展览会，宜选在交通方便、环境适宜、设施齐全的地方。

(5) 准备资料、制定预算。准备资料是指准备宣传资料，如设计与制作展览会的会徽、会标及纪念品，说明书、宣传小册子、幻灯片、录像带等音像资料，包括展览会的背景资料、前言及结束语、参展品名目录、参展单位目录以及展览会平面图等资料的撰写与制作。举办展览会要花费一定的资金，如场地和设备租金、运输费、设计布置费、材料费、传播媒介费、劳务费、宣传资料制作费、通信费等。在做这些经费预算时，一般应留出5% ~10%作准备金，以作调剂之用。

(6) 培训工作人员。展览会工作人员素质的好坏，掌握展览的技能是否达到标准，对整个展览效果起到关键作用。因此，必须对展览会的工作人员，如讲解员、接待员、服务员、业务洽谈人员等进行培训，培训内容包括公关技能、展览专业知识和专门技能、营销技能、社交礼仪等。

5. 举办会议

(1) 成功地举办会议的三个要素：①与会者必须具有会议的共同目标；②与会议规模相适应的经济、物质条件；③制订完善、周密的会议计划。

(2) 会议的准备工作。会议的准备工作应从六个方面考虑：第一，会址的选定。会址的选择首先要考虑到参加会议者到会是否方便。第二，议程的拟订。第三，会议通知的派发。一般的会议通知最好是在开会前一个星期寄到与会者手中。第四，会场的布置。布置会议场地应考虑会议的性质及与会人数的多少。第五，会议的视听器材。第六，其他方面。

七、实例参考

乐意喜盈门周年庆典活动策划书

——多重好礼，乐购新年

(一) 活动目的

通过周年庆的契机，进行全方位的有效宣传，在带动销售的同时进一步提升商场整体形象，提高商场认知度、影响力等，以此来带动店面销售量，树立商户信心。

活动一：购物行好运，每月一天不用钱！

从2008年11月20日至2009年1月24日，每月抽取一天作为“免单日”，第二个月抽取前一个月的免单日，凡在“免单日”当天购物的消费者，凭购物小票领取返还免单金额。第一期活动时间为2008年11月20日—2008年12月20日，第二期活动时间为2008年12月21日—2009年1月20日。第一期开奖时间为：2008年12月28日，第二期开奖时间为：2009年1月21日。

活动说明：本活动的主要目的是为提高消费者的消费能力而专门设定的活动，充分将中国老百姓喜“赌博”的心理调动起来。甚至有部分消费者将能够获得“免单”作为一种炫耀的资本。

活动二：歌舞升平迎新年，明星大腕齐祝贺！

从2008年11月24日起至2009年元月3日每晚推出文艺演出活动，节目由各艺术学校、培训中心免费友情提供，舞台、灯光、音响由喜盈门提供。11月28日特邀国内知名模仿秀到场表演提高商场人气。

活动三：购物行大运，新年翻好礼！

顾客在喜盈门消费满3 000元均可参与一次“购物行大运，新年翻好礼”活动，6 000元两次，依此类推。翻板时间定于每晚7:30—8:30，同时也利用这个时间段在此做一些现场的宣传。

活动说明：充分调动消费者的购物乐趣，让他们参与到活动中，不仅购买了满意的产品还可以获得意外的惊喜！本活动在大门口处设立翻板60面，正面用各品牌的LOGO作为背景，背面装有红包袋，分别为：2 000元1份，1 000元1份，800元1份，500元2份，200元5份，100元20份，50元30份。本次活动时间为：2008年11月20日—2008年12月10日。

活动四：木地板厂家签售，2小时无限量供应！

推出1～2款超低价格木地板进行签售，2小时不限量销售。

活动五：进店有礼，先到先得！

活动期间进店均有礼，礼品有限，先到先得！

广告及宣传方式：（略）。

（二）周年庆商场内部布置

1. 吊牌50面　20元/面
2. 刀旗300面　7.5元/面
3. 地贴30面　30元/面

（三）周年庆商场外部布置

1. 各商户及相关兄弟单位祝贺条幅40条　80元/条

2. 主要兄弟单位空飘 8 个　550 元/个
3. 拱门 3 座
4. 空飘 6 个
5. 商场外部大型喷绘

（四）周年庆期间人员安排

1. 临时举牌促销员 20 人（30 元/人/天，共 5 天）

具体时间安排：

前期筹备期：11 月 1 日—11 月 10 日，确定各项广告、宣传册等相关宣传制作及落实情况，活动用品制作。

预热期：11 月 10 日—11 月 20 日，充分调动各方面宣传途径，营造喜庆气氛。卖场氛围布置，吊牌、刀旗、地贴及商铺门头布置。

炒作期：11 月 10 日—11 月 20 日，通过一个月活动让市民了解具体活动方法，并根据实际销售情况及时调整促销方案。为周年庆及年末促销铺路。

爆发期：11 月 20 日—12 月 10 日，通过火热的周年庆喜庆场面，各种现场活动，引发第一波购买热潮。

具体时间安排：

11 月 10 日—15 日各种宣传品开始设计、制作。

11 月 10 日—20 日促销活动：购物行好运，月月“免单日”，各方面宣传开始、卖场促销主题吊牌、刀旗、地贴制作并施工完成。

11 月 20 日—11 月 30 日周年庆宣传攻势开始、报纸、电视等。

11 月 10 日—15 日设计、制作周年庆相关用品。

11 月 20 日布置圣诞节卖场氛围、活动筹备、发放礼品确定等。

11 月 20 日布置周年庆卖场氛围、活动筹备、邀请函发放，周年庆刀旗、吊牌、地贴布置等。

11 月 20 日落实周年庆活动相关事宜。

11 月 26 日周年庆活动筹备第一次自检。

11 月 27 日周年庆动员大会（包含所有人员及商铺）。

11 月 28 日周年庆典。

周年庆具体时间安排（11 月 28 日）：

上午：

8：00 所有人员到位，商铺做好开业准备

8：20 商场外部音乐响起

8：30 商场准时开门

9：00 庆典仪式开始

9：00－9：10 喜盈门公司领导致辞

9：10－9：20 商铺代表致辞

9：20－9：30 领导致辞

9：38 礼花燃放

9：50－11：50 文艺表演

下午：

14：30－17：30　各种促销活动开展，场外进行“购物行大运，新年翻好礼!”活动

19：30－21：30　大型庆典文艺晚会

（五）活动费用预算

1. 宣传类：

闽西日报　1/3 版　　2.5 万元

龙岩电视台专题　2 期　5 000 元

宣传单页 1 万册　1.5 万元

小区广告　1.5 万元

2. 场外庆典类：

3. 舞台：2 500 元

4. 音响、灯光类：8 000 元

5. 演员类：5 000 元

6. 特邀模仿秀：周杰伦 6 000 元、韩红 8 000 元、刘德华 8 000 元

（以上方案作为参考方案，如需调整请电话联系）

八、实训表格

1. 实训成绩登记表；2. 实训报告（参考格式附后）。

附表 1：实训成绩登记表

实训成绩登记表

任务名称：3.3　公关专题策划训练　，　时间：______年____月____日

学号	姓名	实训成绩			
		个人表现 40%		公并专题策划方案 60%	总成绩
		平时表现 20%	实训总结 20%		

说明：1. 本项实训任务总成绩计算办法：得两个优秀的小组，总成绩记“优秀”；得一个优秀，且无不及格者，总成绩记“良好”；第一项未得优秀，且第二项为“不及格”者，总成绩记“不及格”；其余总成绩记“及格”。2. 实训项目结束，当场宣布小组及个人成绩。

附表2：实训报告

实训报告

专业：__________ 班级：______ 第____实训小组 日期：201 __ 年____月____日

<table>
<tr><td rowspan="2">教师评语</td><td rowspan="2" colspan="3"></td><td>成绩</td><td></td></tr>
<tr><td>教师签字</td><td></td></tr>
<tr><td>小组名单</td><td colspan="5"></td></tr>
<tr><td>任务编号</td><td></td><td>任务名称</td><td></td><td>学时</td><td></td></tr>
<tr><td>使用教材</td><td colspan="5"></td></tr>
</table>

一、实训任务

二、实训目的

三、步骤与内容

四、实训总结（主要写收获与不足、感想或建议，字数500字左右）

（注：本表内容多时可另附页）

模块四　推销与谈判训练

4.1　推销礼仪训练

一、训练目的

通过本项目的训练，使学生能够了解推销员自身形象与推销礼仪的重要作用，能够运用正确的推销礼仪和规范从事营销职业活动。

二、训练类型

模拟演练

三、学时建议

4 学时

四、训练准备

1. 在本次训练前，学生应当提前做好与推销员礼仪相关的资料收集和学习工作。

2. 在真实的销售活动中，观察和了解推销员的礼仪给实际销售工作带来的影响。

3. 在网络上搜集与推销员礼仪相关的案例，了解成功培养良好推销员礼仪的措施与经验。

五、训练内容

1. 坐、立、走等基本仪态。

2. 推销洽谈工作中的基本礼仪。

3. 本实训任务全部结束后，完成实训报告。

六、训练方案

演练（一）：优雅仪态

【演练目的】

坐、立、走等基本仪态及举手投足间，力求协调、昂扬、文明、美感，符合身份、情境的要求。演练口号如下：

1. 让你的举止、形态和谐得像一支动人的旋律，带给人意气风发、朝气蓬勃的快感。

2. 我自信，我很美。尽情挥洒成功的气质和风度。

【演练内容与步骤】

1. 讲授基本动作要领及禁忌。

2. 分组分节动作练习，建立良好的体态语言体系。

（1）坐姿练习：要求精神、友好、自然、大方、优雅、轻松。

（2）站姿练习：要求挺拔、向上。靠墙检查，头、背、臀、脚后跟四点一线。

（3）走姿练习：要求协调、昂扬、朝气，有节奏感。男性重稳健、力度，女性重弹性、轻盈。

演练（二）：推销洽谈礼仪

【演练目的】

通过训练，使学生能够深刻地理解礼仪在推销洽谈中的重要作用。

【演练内容与步骤】

1. 将参加演练者划分为4人一组，分别扮演不同的推销员角色A、B、C和某一业务单位负责人。

2. 情景设计：三个不同公司的推销人员A、B、C先后到天地公司洽谈业务。角色扮演要求：A讲究商务礼仪，洽谈成功；B不懂商务礼仪，洽谈没有成功；C懂得商务礼仪，但过分谦虚，施礼过当，洽谈没有取得预期效果。

3. 每个小组将称呼、介绍、握手、递接名片等交际礼节连贯地演示一遍。

4. 对各组的表演进行自评和互评。

成绩评定表

第____小组　　　　　　　姓名：____________　　　　　　　学号：________

等级	评价标准	成绩
优秀	1. 态度端正，积极参与，富有团队协作精神。 2. 准备充分，沟通能力强，在听、说、问、答技巧运用方面有3个以上亮点，无明显失误。	
良好	1. 态度端正，积极参与，有团队合作意识。 2. 准备充分，沟通能力较强，在听、说、问、答技巧运用方面有2个以上亮点，明显失误不超过1处。	
及格	1. 态度端正，能按要求参与训练，有集体观念。 2. 事前有准备，沟通能力较强，在听、说、问、答技巧运用方面有1个以上亮点，明显失误不超过2处。	
不及格	1. 态度不端正，参与积极性不高，有迟到、早退现象。 2. 事前准备不足，沟通不顺畅，在听、说、问、答技巧运用方面无亮点，明显失误超过2处。 3. 无故缺课，没有参与本次训练。	

（考核时间：201　年　月　日）

七、知识点拨

（一）仪表礼仪

对一名推销员来说，对服饰最基本的要求是整洁、得体、自然、大方，要给人一种精神、活力的感觉。服装打扮要根据交往的对象、时间、外界环境等条件而相应调整。在与顾客接触时，应多注意他们的穿着特点，并努力使自己与他们靠近。因为穿着与对方保持一致或接近时，对方更容易接近我们，彼此也更容易达成共识。

服饰打扮还要因人而异，要注重整体效果，从头到脚应该协调搭配。整体的效果离不开细节等各方面的杰出表现，细小的方面更能体现一个人的形象风格。

（二）举止礼仪

推销员要塑造良好的交际形象，必须讲究礼貌、礼节，为此就必须注意行为举止，要做到彬彬有礼、落落大方。

推销员到顾客办公室或家中访问，进门之前应按门铃或轻轻敲门，然后站在门口等候，按铃或敲门的时间不要过长，无人或未经主人允许，不要擅自进入室内。当看见顾客时，应该点头微笑致礼，如无事先预约，应先向顾客表示歉意，然后再说明来意。在顾客家中，未经邀请，不能参观住房，即使是熟悉的顾客家，也不要任意抚摸或玩弄桌子上的东西，更不能玩弄顾客的名片，不要触动室内的书籍、花草及其他陈设物品。在顾客坐定之前，推销员不应提前坐下。坐下时坐姿要端正，身体向前微倾，不要跷二郎腿，要用积极的态度和温和的语气与顾客谈话，顾客讲话时，要认真倾听，回答时以“是”为先。

另外，推销员要养成良好的习惯，克服各种不雅举止。不要当着顾客的面掏耳朵、剔牙齿、修指甲、打哈欠，不要乱丢果皮纸屑等。这虽然是一些细节，但它们组合起来将构成顾客对你的总印象，所以应引起注意，做到举止文雅得体。总之，推销员在行为举止方面，要尽量给人以“站如松、坐如钟、走如风、无不雅”的整体印象。

（三）第一印象

在与顾客交往时，第一印象十分重要。第一印象是和他人初次见面进行几分钟谈话后，他人在你身上所感觉的一切，包括仪表、礼节，对他人的态度、表情，说话的声调、语调及姿态等诸多方面。推销员给顾客的第一印象往往会决定交易的成败，顾客一旦对你产生好感，自然也会对你推销的产品有好感。

推销礼仪是推销员在推销活动中应当遵循的社交礼仪。推销员是企业的外交官，是企业与顾客沟通的友好使者，他们所代表的不仅仅是个人，也代表着企业。为树立良好的企业形象，推销员应注重基本的礼仪。

（四）商务交际礼仪

1. 称呼

称呼往往显示出一个人的修养。

（1）称呼类型。

职务称呼：尤其适用于政府部门，企业、事业单位，如（王）校长、院长、主任、总经理等。

技术称呼如（赵）教授、工程师等。

行业称呼如（黄）警官、医生、护士、老师、律师等。

时尚称呼如女士、小姐、（张）先生、夫人等。

姓名称呼，在工作岗位上称呼姓名，一般限于同事、熟人之间。如张小小、老韩、小王、婷婷等。

（2）商务交往中四个不能用的称呼。

不能用省略称呼，如范局、马院等。不能称兄道弟。不能用不适当的地方性称呼，如伙计、爱人等。不能用替代性称呼，如5号、六床、下一个等。

2. 介绍

介绍在人与人之间起桥梁和沟通作用。依靠介绍有助于扩大社交圈，广交朋友。

（1）自我介绍。

主要介绍自己的姓名、工作单位、身份等。方法如下：以介绍自己姓名的含义入手；从自己所属生肖入手；从自己的职业特征入手。

（2）介绍他人。

征求别人的意见。

顺序：尊者为先，把职位低者、晚辈、男士、未婚者分别介绍给职位高者、长辈、女士和已婚者。

国际惯例敬语（姓名和职位）。如王小姐，请允许我向您介绍许志忠总监。

手势：手与前臂成一条直线，肘关节自然弯曲，掌心微朝上，拇指微微张开，手掌自然伸平。左右手都可以。介绍时不可单指指人。

被介绍者应面向对方。介绍完毕后与对方握手问候，如“您好！很高兴认识您！”

避免对某个人特别是女性过分赞扬。

坐着时，除职位高者、长辈和女士外，应起立。但在会议、宴会进行中不必起立，被介绍人只要微笑点头示意即可。

说明两人的关系。

（3）介绍的艺术。

与人见面时应当态度积极、主动向前，并以动作及语言相互问候。

当我们介绍自己或介绍他人给别人认识的时候，需要慢慢地、清楚地将名字念出。

我们还应避免犯一般人不记他人名字的通病。

介绍他人时，应遵循以下几个原则：介绍时说明被介绍的人是谁；多提供一些相关的个人资料；记住加上头衔；主动报上自己的名字。

如果有人一再把你介绍错了，例如说错你的名字、头衔或公司名称等，此时不要很突兀地打断他的介绍。

当你得知一个人的姓名时，应尽量集中注意力来记住它。

如果你听不清楚对方告诉你的名字，可请他再说一遍。

3. 握手礼

握手是一种沟通思想、交流感情、增进友谊的重要方式。与他人握手时，目光注视对方，微笑致意，不可心不在焉、左顾右盼，不可戴着帽子或戴着手套与他人握手。在正常情况下，握手的时间不宜超过3秒，必须站立握手，以示对他人的尊重、礼貌。

握手也讲究一定的顺序：一般讲究“尊者决定”，即待女士、长辈、已婚者、职位高者伸出手来之后，男士、晚辈、未婚者、职位低者方可伸出手去呼应。若一个人要与许多人握手，有礼貌的顺序是：先长辈后晚辈，先主人后客人，先上级后下级，先女士后男士。

4. 名片礼仪

（1）顺序。递送；接受；确认；珍藏。

（2）名片放在衬衣左侧口袋或西装的内侧口袋。口袋不要因为放置名片而鼓起来。不要将名片放在裤袋里。

（3）养成一个基本的习惯：会客前检查和确认名片夹内是否有足够的名片。

（4）递名片的顺序：年幼者先向年长者、男性先向女性、地位低的先向地位高的递名片，如果不止一个人，也判断不清状况时，就按照一定的自然顺序进行。

递名片的姿势：双手的拇指和食指分别持名片上端的两角恭敬地递过去，注意将名片上的姓名正对着对方。

（5）接名片时要双手接过，认真过目，然后放入自己名片夹的上端。同时交换名片时，可以右手递名片，左手接名片。

（6）注意：不可无意识地玩弄对方的名片；不可把对方名片放入裤兜里；不可当场在对方名片上写备忘事情；不可先于上司向客人递交名片。

八、实训表格

1. 实训成绩登记表；2. 实训报告（参考格式附后）

附表1：实训成绩登记表

实训成绩登记表

任务名称：4.1　推销礼仪训练　　　　时间：________年____月____日

学号	姓名	实训成绩		
		模拟演练（一）	模拟演练（二）	总成绩

说明：1. 本项实训任务总成绩计算办法：得两个优秀的小组，总成绩记“优秀”；得一个优秀，且无不及格者，总成绩记“良好”；第一项未得优秀，且第二项为“不及格”者，总成绩记“不及格”；其余总成绩记“及格”。2. 实训项目结束，当场宣布小组及个人成绩。

附表2：实训报告

实训报告

专业：__________ 班级：______ 第____ 实训小组 日期：201__ 年____月____ 日

<table>
<tr><td rowspan="2">教师
评语</td><td rowspan="2" colspan="3"></td><td>成绩</td><td></td></tr>
<tr><td>教师
签字</td><td></td></tr>
<tr><td>小组名单</td><td colspan="5"></td></tr>
<tr><td>任务编号</td><td></td><td>任务名称</td><td></td><td>学时</td><td></td></tr>
<tr><td>使用教材</td><td colspan="5"></td></tr>
<tr><td colspan="6">一、实训任务

二、实训目的

三、步骤与内容

四、实训总结（主要写收获与不足、感想或建议，字数500字左右）</td></tr>
</table>

（注：本表内容多时可另附页）

4.2　接触顾客训练

一、训练目的

通过本项目的训练，懂得认识和接近顾客是推销过程中的一个重要环节，为什么要做好前期准备工作以及准备的内容，约见顾客应确定对象、事由和时间，接近顾客要有比较明确的目标，针对不同对象采用适当有效的方法。

二、训练类型

角色扮演，编写模拟推销情景剧本

三、学时建议

4 学时

四、训练准备

1. 做好约见顾客前所要做的准备工作。
2. 收集所要接触顾客的信息资料。

五、训练内容

1. 能够选用恰当的约见方式来约见顾客。
2. 能根据不同的目的和不同类型的顾客，采用合理可行的方法接近准顾客。
3. 本实训任务全部结束后，完成实训报告。
4. 小组自我评价，分析实训得失。小组之间相互评价，分析其他小组的优点及不足。

六、训练方案

（一）角色扮演

詹佳是汇金文化用品公司的业务销售员，他刚跨入罗亚的办公室。罗亚是美味食品公司的行政经理。詹佳身穿一套藏青色西装，当他走进办公室时，年近

60 的小个子罗亚正坐在一张很大的皮质沙发上看报纸，手臂和两腿都交叉着。

詹佳：（走进罗亚，伸出他的手）早上好，罗经理。很高兴见到你，今天你看上去特别精神！

罗亚：是的。你迟到了。

詹佳：刚才地铁出现了故障，害得我耽误了，不过只是5分钟。

罗亚：（用手指摸了摸自己的鹰钩鼻，双臂抱得更紧了）那么好吧，我能为你做什么？

詹佳：我们公司刚进口了一批全新的文具，我想你们可能用得上。

罗亚：我就实话实说了，我们刚与红星文具社（汇金公司的竞争者）签了一份订单。

詹佳：（刚从牛皮公文包中拿出产品样本的手在颤抖，音调变高，声音变得结结巴巴）哦，听……听到这太遗憾了。我只是迟到了5分钟，我们在电话中都已经谈妥了，你们应该等着我来的，我们公司的定价比他们要低10%～15%。

罗亚：（突然松开交叉的手臂和大腿，手托着下巴，身体向前倾斜着）是吗？

詹佳：（自说自话地站起身来，眼睛紧盯着天花板，整了整藏青色西装）对不起，我想我已经错过了一次机会，既然你们已经下了订单，我们下次再谈吧，好吗？

不等罗亚回答，詹佳有礼貌地道了一声再见，径直走出罗亚的办公室。当詹佳离开时，罗亚刚站起的身子又重重地跌坐在沙发上，显得有些目瞪口呆。

任务：如果你是詹佳的话，你会如何与罗亚沟通？

任务流程：

1. 将学生分成若干小组，每组派两个学生分别扮演詹佳与罗亚。
2. 各组派遣一人组成评委团。
3. 每组表演完后，由评委团点评，学生点评完后，教师小结并点评评分。

“角色扮演”成绩评定表

第____小组　　　　　　姓名：____________　　　　　　学号：________

等级	评价标准	成绩
优秀	1. 态度端正，积极参与，富有团队协作精神。 2. 准备充分，沟通能力强，在听、说、问、答技巧运用方面有3个以上亮点，无明显失误。	

（续上表）

等级	评价标准	成绩
良好	1. 态度端正，积极参与，有团队合作意识。 2. 准备充分，沟通能力较强，在听、说、问、答技巧运用方面有 2 个以上亮点，明显失误不超过 1 处。	
及格	1. 态度端正，能按要求参与训练，有集体观念。 2. 事前有准备，沟通能力较强，在听、说、问、答技巧运用方面有 1 个以上亮点，明显失误不超过 2 处。	
不及格	1. 态度不端正，参与积极性不高，有迟到、早退现象。 2. 事前准备不足，沟通不顺畅，在听、说、问、答技巧运用方面无亮点，明显失误超过 2 处。 3. 无故缺课，没有参与本次训练。	

（考核时间：201　年　月　日）

（二）编写模拟推销情景剧本

任务：编写模拟推销情景剧本

任务流程：

1. 将学生分成若干小组，每组通过各种途径收集资料，编写一份“模拟推销情景剧本”，要求背景资料翔实，推销过程步骤完整，使用的推销技巧策略有说明。

3. 每组派若干学生演练本组编写的剧本。

4. 由各组组长组成评委团，对编写的剧本及现场仿真训练进行点评。

5. 训练结束由教师根据各成员仿真训练的表现打分。

七、实例参考

以下是模拟推销情景剧本范本。

某化妆品模拟推销情景剧本

背景资料：

江苏某化妆品有限公司（原名：××日用化工厂）是一家中韩合资的股份制企业，成立于 1992 年 11 月 31 日，主要生产××牌化妆品、香水等日用品。采取直销的方式进行产品销售。

推销理论：

推销员通过老顾客转介绍接近法，向一位潜在顾客进行产品推销。首先运用电话预约获得该顾客的家庭住址，并约定见面时间；然后上门拜访，进行推销。

在推销过程中，我们采用了费比模式。此外，我们运用的推销方式有：赞美接近法、利益接近法、赠品接近法、询问接近法。

角色分配：

推销员：董瑶萍（以下简称 D）

潜在顾客：邹晓玲（以下简称 Z）

影响因素（潜在顾客的父亲）：颜海平（以下简称 Y）

情景模拟

场景一：电话预约

Z：喂，你好！哪位？

D：你好！是邹晓玲小姐吗？

Z：我是，你是？

D：我是××化妆品公司的推销员董瑶萍。您的朋友金美霞跟我说起过您。听她说，您对我们的产品很有兴趣，是吗？如果您方便的话，我想找个时间和您谈谈。可以吗？（转介绍）

Z：嗯，可以啊。不过，我这几天比较忙。等我有空的时候再谈，好吗？

D：好的，没问题。那请问一下，您大概哪天有空？

Z：要不，你下个礼拜三下午来吧。

D：好的。请问您家在哪？我可以登门拜访您吗？

Z：当然。我家在庆春路 289 号。

D：好的。不好意思，打扰您了。祝您工作顺利！

Z：谢谢。再见！（挂电话）

D：再见！（挂电话）

场景二：上门推销前进行的确认电话

Z：喂，你好！

D：您好！我是××化妆品公司的董瑶萍，上次我们约好今天我来拜访您。我现在过去，您方便吗？

Z：嗯，可以。你现在过来好了，我刚好在家。

D：好的，那待会儿见！

Z：嗯，待会儿见！（挂电话）

D：（挂电话）

场景三：上门推销全过程

（董瑶萍来到邹晓玲家门口，开始敲门）

“咚咚咚！”

Y：你找谁？

D：叔叔，您好！请问邹晓玲小姐住在这里吗？

Y：是的。你是？

D：噢。我是××化妆品公司的，我和邹小姐约好今天见面的。

Y：哦！请进！请进！

D：谢谢叔叔！请问，要脱鞋吗？

Y：哦，好的。拖鞋给你。（Y把拖鞋递给D）

D：谢谢叔叔！

（接着，Y把D引进客厅）

Y：请坐！稍等一下，我去叫一下她。

D：好的。谢谢叔叔！

（Y走进Z的书房叫Z，然后自己坐在书房里看报纸，同一时间，D把产品及书面资料拿出来放在茶几上。Z走了出来）

D：（站起来）是邹晓玲小姐吗？我就是××化妆品公司的董瑶萍。

Z：噢。坐，坐，坐。请问你要喝点什么？

D：（坐下来）哦，不用了。谢谢！

Z：要的，要的。

D：那麻烦您给我一杯水吧！

Z：好的。（Z倒了一杯水，递给D）

D：（站起来接过水）谢谢！（坐下，然后说）你们家装修得好漂亮啊，给人一种很温馨的感觉！（赞美接近法）

Z：噢。谢谢！

D：都是你们自己设计的吗？

Z：嗯，是的。这都是我爸爸的功劳。

D：您爸爸真有品味！（赞美接近法）

Z：哪里！哪里！

D：您看，我们的皮肤就像房子一样，需要我们用心修饰、呵护。这样，才会焕发出迷人的光彩。我想，你们大学生肯定非常关注自己的皮肤吧？（询问接近法）

Z：是啊。像我，就是为了让我的皮肤变得更好一点，所以才想了解一下你们的产品，看看有没有适合我的。

D：嗯，是这样啊。我知道您跟金美霞是很要好的朋友。我相信，您肯定也通过她对我们的产品有了一定的了解吧？这样，为了让您对我们的产品有更进一步的了解，我带了一份详细的产品介绍书过来。您先看一下，有什么不明白的地方，我可以向您解说一下。

Z：嗯，也好。（稍稍浏览了一下资料）产品这么多，我都不知道哪种比较适合我。

D：如果不介意的话，让我看一下您的脸，帮您检测一下您的肤质，好吗？

Z：好啊！

D：（D仔细看了一下Z的脸）您的脸属油性皮肤。您看，您的T字部位油油的，还有痘痘，而且毛孔比较粗糙。我想您肯定是经常性长痘痘吧？

Z：嗯，是的。不知道你们的哪些产品比较适合我呢？

D：正巧！我们公司这个月新推出的一款产品正是针对油性皮肤设计的。您看一下我们的资料。（D把有关新产品的资料递给Z）（产品接近法）

Z：（仔细阅读了资料，然后说）这资料上写得这么好，不知道用起来是不是真有这么好呢?!

D：我也知道化妆品一定要用过之后才知道效果。我今天呢，正好带了一套试用产品。我现在给您免费试用一下，让您感受一下它的效果如何，好吗？

Z：好的。

D：您先用我们的洗面奶洗一下脸，好吗？

Z：好的。（Z进浴室洗了脸，然后出来）

D：（D看到Z出来，拿起一瓶爽肤水）现在呢，我给您抹上爽肤水。来，坐到我边上来，左脸对着我。（D开始为Z抹爽肤水，边抹边说）您有没有觉得您的皮肤现在凉凉的，好像在呼吸一样啊？（体验示范法）

Z：耶！好像有这感觉！很舒服！

D：这是正常的。您的皮肤在吸收养分呢。（又拿起润肤露）现在，我要给您抹润肤露了。（D开始为Z抹润肤露，同时也跟Z闲话家常。抹完后，D问Z）您感觉如何？

Z：（边说边用手摸脸）很舒服。皮肤摸起来感觉很嫩，很有弹性呢！不知道这套产品的价格如何？

D：因为我们这套产品是本季新产品，所以价格有点贵，要888元。不过，我们的这个价格很有含义哦。“888”、“发发发”嘛！

Z：嗯，这个价格有点贵。要不，你先在这坐一下，我进去跟我爸爸商量一下，如何？

D：好的。（Z走进书房，向爸爸要钱）

Z：爸爸，给我900块钱。

Y：900？你要这么多钱干嘛？

Z：就是刚刚来的这个董瑶萍嘛，她是卖化妆品的。我看中了她的一套化妆品，要888块钱。

Y：什么化妆品，要这么贵？

Z：嗯，我也说不清楚。要不，你跟我出去看一下嘛。

Y：那好吧。我去看看，免得你被人家给坑了。

（Y和Z一起走到了客厅，D指着她看中的那套化妆品，对Y说）

Z：爸爸，就是这套化妆品。

D：（拿起化妆品递给Y）叔叔，您看一下。（然后，走到Y身边）

Y：（拿着化妆品看了一会儿，说）你们的化妆品怎么这么贵啊。是不是骗人的？（价格异议）

D：瞧叔叔您说的。这套产品是我们公司的最新款，价格是有点贵，但是我可以向您保证这是真品。（拿起产品介绍书，递给Y）叔叔，您看，这是我们公司的产品简介，里面也有我们公司的简介，您可以看一下。

Y：（翻了一下介绍书，说）都是外国文字的，看都看不懂。

D：哦，我们的产品是中韩合资的。资料基本上是韩文和中文的。（D把资料翻到中文部分）您看，这边都是产品的中文介绍。

Y：（看了看资料，说）××，这个牌子怎么都没听说过啊？（产品异议）

D：我们公司拥有悠久的历史，在韩国可以说是家喻户晓，算得上是韩国化妆品业的主流品牌。为了拓展海外市场，我们公司在中国投入了大量资金，研发各种新产品。像在北京、上海、广州等一些大城市，我们的产品都卖得很火热。而且，我们去年才在杭州设立销售点，所以您可能对我们的产品还不太了解。

Y：（将信将疑）哦，是这样的啊！（转身对Z说）这个产品的质量有保证吗？现在的化妆品有很多劣质品的。

D：这个您放心，叔叔。（拿出质量保证书）您看，我们公司2000年进入中国市场，是经过中国质量检测中心检测的，这就是检测后的质量保证书。而且，如果您买了我们的产品后15天内发现是劣质品的话，我们保证包退包换。

Y：哦，这样啊……（沉默）

D：刚才我给邹晓玲小姐试用了我们的产品，她个人也认为我们的产品很好。（面向Z说）邹小姐，是吧？

Z：爸爸，是真的。我刚刚用了之后觉得很舒服。而且，我的朋友金美霞——你也认识的，她也在用这种产品，效果蛮不错的。她以前那么多痘痘，现在都消下去看不大出来了。我感觉也蛮好的。你就买给我吧。

（Y沉默地点点头同意了Z的请求）

D：那我现在给你们下订单。（D迅速拿出已经写好的订单交给Y）麻烦您在这里签一下您的姓名。钱等我们的货送到之后再支付。

Y：（签好名后）我女儿的化妆品什么时候送过来？

D：随时都可以。您看您什么时候有空，我给您送过来？

Y：嗯，明天晚上七点之后吧，白天我们要上班。

D：好的，那我明天七点半左右给您送过来，您看怎么样？

Y：嗯，可以。

D：对了，叔叔。（从包里拿出一瓶护手霜，递给Y）冬天到了，这是我们的男士护手霜，送给叔叔您。（赠送接近法）

Y：（笑着）这怎么好意思呢！

D：哪里，这只是见面礼。如果叔叔用得好，还有需要的话，尽管找我。（拿出名片，递给Y）这是我的名片，上面有我的联系电话。

Y：哦，好的，好的，一定会的。

D：嗯，不好意思打扰了你们这么久，那我先走了。

Y：好的。那我送董小姐出去吧。

D：不用了，不用了。

（Y、Z带着D走到门口，并开了门。D在门口换好鞋子，走了出去）

D：叔叔，留步吧。我先走了。再见，叔叔、邹小姐！

Y、Z：再见！

"情景剧"成绩评定表

第____小组　　　　　　姓名：________　　　　　　学号：________

等级	评价标准	成绩
优秀	1. 态度端正，积极参与，富有团队协作精神。 2. 剧本背景资料翔实，推销过程步骤完整，使用的推销技巧策略有说明。 3. 仿真训练准备充分，沟通能力强，在听、说、问、答技巧运用方面有3个以上亮点，无明显失误。	
良好	1. 态度端正，积极参与，有团队合作意识。 2. 剧本背景资料翔实，推销过程步骤基本完整，使用的推销技巧策略有说明。 3. 仿真训练准备充分，沟通能力较强，在听、说、问、答技巧运用方面有2个以上亮点，明显失误不超过1处。	

（续上表）

等级	评价标准	成绩
及格	1. 态度端正，能按要求参与训练，有集体观念。 2. 剧本背景资料介绍欠完整，推销过程步骤基本完整。 3. 仿真训练事前有准备，沟通能力较强，在听、说、问、答技巧运用方面有 1 个以上亮点，明显失误不超过 2 处。	
不及格	1. 态度不端正，参与积极性不高，有迟到、早退现象。 2. 剧本编写完全不符合要求。仿真训练明显失误超过 2 处。 3. 无故缺课，没有参与本次训练。	

（考核时间：201　年　月　日）

八、知识点拨

（一）顾客约见

1. 顾客约见内容

约见的基本内容包括确定约见对象、明确约见目的、安排约见时间和选择约见地点四个方面。

（1）约见对象 。

约见对象指的是对购买行为具有决策权或对购买活动具有重大影响的人。如果推销的是个人用品，约见对象一般比较容易确定；如果推销的是生产用品，推销人员将面对一个采购中心，那么首选的约见对象是公司的董事长、总经理、厂长等企业或有关组织的决策者。推销人员若能成功地约见这些决策者，将为以后在该企业或组织里的推销打下良好的基础。但是在实际推销工作中，推销人员发现自己往往无法直接约见访问对象。因此，推销人员在尽力约见购买决策人的同时，也不要忽视那些对购买有影响力的人物，如总经理助理、秘书、办公室主任、部门经理等人。这些人虽然没有最终购买决定权，但他们接近决策层，可以在公司中拥有较大的权力，对决策者的决策活动有很大的影响。

（2）约见目的。

约见的第二项主要内容就是明确约见的目的。任何人都不会接受没有理由的约见。特别是在双方从未谋面或不熟悉的情况下，所以推销人员在约见访问对象时，必须告诉对方访问的原因和需要商谈的事项。虽然约见顾客的最终目的是为了成功推销商品，但约见目的因顾客、推销进展阶段和具体推销任务的不同而不同。常见的约见目的和事由有：推销产品、市场调查、提供服务、签订合同、收取货款、走访用户、寻找借口。

总之，约见顾客有各种目的。推销人员应根据具体情况，创造各种机会约见、接近顾客。扩大自身影响，提高企业信誉，树立企业形象，并达到预期的推销目的。

（3）约见时间。

约见顾客的时间安排是否适宜，会影响到约见顾客的效率，甚至关系到推销洽谈的成败。约见的时间应主要根据顾客的情况确定，尽量避免在顾客忙碌的时间前往。如果能够选择顾客较为轻松和闲暇的时候约见为最好。至于是上班时间约见还是休息时间约见，不能概而论之，需要良好的事先沟通与商定，或者是建立在对顾客生活规律的了解之上，应因人而异，因情况而定。当遇到顾客的时间与推销员的时间发生矛盾时，应尽量考虑和照顾顾客的意图。当与顾客的约定时间敲定以后，推销员要立即记录下来，并且要严格按照约定时间准时到达，应坚决避免迟到或约而不到。

（4）约见地点。

约见地点的选择方式一般有以下四种：办公室、居住地点、社交场合和公共场所。

2. 顾客约见方法

约见不仅要占用顾客的时间，甚至会影响顾客的工作与生活。因此，推销员在约见顾客时，不仅要考虑约见对象、约见时间和地点，还必须讲究约见方式和方法。在实践推销活动中，常见的约见方法有以下六种：当面约见、电话约见、信函约见、委托约见、广告约见、网络约见。

（二）接近顾客

接近顾客是推销过程中的一个重要环节，它是推销人员为进行推销洽谈与目标顾客进行的初步接触。能否成功地接近顾客，直接关系到整个推销工作的成败，许多推销人员的成功与失败，往往都决定在最初的几秒钟。由于顾客的习惯、爱好、性格等情况各不相同，所以推销人员应依据事前获得的信息或接触瞬间的判断，选择合适的接近方法去接近不同类型的顾客。推销人员在正式接近顾客时必须掌握一定的接近方法和技巧。最常见的接近方法如下：

1. 介绍接近法

介绍接近法是指推销员通过自我介绍或他人介绍接近推销对象的方法。介绍的形式可以是口头介绍或者书面介绍。

2. 产品接近法

产品接近法也称为实物接近法，是指推销员直接利用推销产品实物或者模型摆在顾客面前，以引起顾客对其推销的产品产生足够的注意与兴趣，进而转入洽谈的接近方法。精心策划的产品接近法能够调动潜在顾客的感觉器官，通过产品自身的魅力与特性引起顾客的兴趣，达到接近顾客的目的。

3. 利益接近法

利益接近法是指推销人员以顾客所追求的利益为中心，简明扼要地向顾客介绍产品能为顾客带来的利益，满足顾客的需要，达到正式接近顾客目的的一种方法。这种推销方法接近顾客时不是从宣传自身商品的优点入手，而是从顾客购买给顾客带来什么好处，比如从经济、实用、功能等方面，站在顾客的角度，换位思考。

4. 好奇接近法

好奇接近法是推销人员利用顾客的好奇心理而接近顾客的方法。好奇之心，人皆有之，好奇心理是人们的一种原始驱动力，这种驱动力促使人类去探索未知的事物。好奇接近法正是利用人类的好奇驱力，引起顾客对推销人员或推销品的注意和兴趣，从而接近顾客。好奇接近法需要的是推销员发挥创造性的灵感，制造好奇的问题与事情。

5. 震惊接近法

所谓震惊接近法，是指推销人员设计一个令人吃惊或震撼人心的事物来引起顾客的兴趣，进而转入正式洽谈的接近方法。例如，一个家庭防盗报警系统推销人员可能会这样开始他们的推销接近："您知道家庭被盗问题吗？根据公安机关的公布数据，今年家庭被盗比率比去年上升15个百分点。"

6. 戏剧化接近法

戏剧化接近法也叫马戏接近法、表演接近法，是指推销人员利用各种戏剧性的表演技法引起顾客注意和兴趣，进而接近顾客的方法。戏剧化接近法既有科学性又有艺术性，能迎合顾客求新求奇的心理，唤起人们的思想感情，但需要慎重使用。

7. 提问接近法

提问接近法也叫问答式接近法或讨论接近法，是指推销人员通过直接提问来引起顾客注意和兴趣进而转入面谈的方法。提问接近法是推销中经常使用，可以单独使用，也可以在利用其他接近技术时穿插使用的一种方法，通过这种一问一答的形式，有利于拉近顾客与推销人员的距离，消除戒备心理。尤其适合在第一次约见陌生客户的情景中使用。

8. 请教接近法

请教接近法是指推销人员虚心向客户讨教问题，利用这个机会，以达到接近顾客的一种方法。在实际推销工作中，多数客户都有一些"自以为是"的心态，推销员若能登门求教，自然会受欢迎。例如："赵工程师，您是电子方面的专家，您看看我厂研制生产的这类电子设备在哪些方面优于同类老产品?""我是这方面的新手，我想知道您是否能够帮助我?""我的同事说我们公司的产品是同类中最好的，请问您是怎么看的?"

9. 馈赠接近法

馈赠接近法是指推销人员以一些小巧精致的礼品，赠送给顾客，进而和顾客认识并接近，借以达到接近顾客目的的一种方法。在某些情况下，推销员可以用一些小礼品来"收买"客户，以换取他们短时间的注意力。现实生活中，我们的推销员就经常发放一些特制的广告品，比如记事簿、签字笔、打火机、广告伞等。

10. 赞美接近法

赞美接近法是指推销员利用顾客的虚荣心来引起顾客的注意和兴趣，进而转入正式洽谈的接近方法。赞美接近法的实质是推销员利用人们希望赞美自己的心理来达到接近顾客的目的。喜欢听好话是人们的共性，用这种方法接近顾客，有时会收到意想不到的效果。当人们在心情愉快的时候，很容易接受他人的建议，这时，推销人员应抓住时机，正确地引导推销活动。让人产生优越感最有效的方法是对于他自傲的事情加以赞美。顾客的优越感被满足，初次见面的警戒心自然就消失了，彼此距离拉近，能让双方的好感向前迈进一大步。

11. 调查接近法

所谓调查接近法，是指推销人员利用调查机会接近顾客的一种方法。在许多情况下，无论推销人员事先如何进行准备，总有一些无法弄清的问题。因此，在正式洽谈之前，推销人员必须进行接近调查，以确定顾客是否可以真正受益于推销品。此方法可以看成一种销售服务或销售咨询法。采用这一方法比较容易消除顾客的戒心，成功率比较高。推销人员可以依据事先设计好的调查问卷，征询顾客的意见，调查了解顾客的真实需求，再从问卷比较自然、巧妙地转为推销。

12. 搭讪与聊天接近法

搭讪与聊天接近法就是指利用搭讪与聊天的形式接近陌生顾客的方法。搭讪与聊天接近法不会很快进入聊天程序，有时要用很长时间追踪与寻找机会，因此要花费很多精力。所以，使用该方法时应该注意：一是要选准接近顾客的时机。只有非常重要的顾客，而又没有其他方法或者机会可以接近的情况下，搭讪与聊天才可以是一种接近顾客的方法。最好的时间是顾客有较充裕的自由掌握的时间时。二是要积极主动。对于没有与其搭讪机会的重要顾客，推销人员应该在了解顾客生活习惯的情况下，主动创造条件和机会与其搭讪。三是尽量紧扣主题。

以上介绍了12种接近顾客的技巧方法，在实际工作中，推销员应灵活运用，既可以单独使用一种方法接近顾客，也可以多种方法配合使用，还可以自创独特方法接近顾客。

九、实训表格

1. 实训成绩登记表；2. 实训报告（参考格式附后）

附表 1：实训成绩登记表

实训成绩登记表

任务名称：4.2　接触顾客训练　　　　时间：________年____月____日

学号	姓名	实训成绩		
		角色扮演	情景剧	总成绩

说明：1. 本项实训任务总成绩计算办法：得两个优秀的小组，总成绩记“优秀”；得一个优秀，且无不及格者，总成绩记“良好”；第一项未得优秀，且第二项为“不及格”者，总成绩记“不及格”；其余总成绩记“及格”。2. 实训项目结束，当场宣布小组及个人成绩。

附表 2：实训报告

实训报告

专业：__________ 班级：______ 第__实训小组 日期：201__年____月____日

<table>
<tr><td rowspan="2">教师
评语</td><td rowspan="2" colspan="3"></td><td>成绩</td><td></td></tr>
<tr><td>教师
签字</td><td></td></tr>
<tr><td>小组名单</td><td colspan="5"></td></tr>
<tr><td>任务编号</td><td></td><td>任务名称</td><td></td><td>学时</td><td></td></tr>
<tr><td>使用教材</td><td colspan="5"></td></tr>
<tr><td colspan="6">一、实训任务

二、实训目的

三、步骤与内容

四、实训总结（主要写收获与不足、感想或建议，字数 500 字左右）</td></tr>
</table>

（注：本表内容多时可另附页）

4.3 异议处理训练

一、训练目的

通过本项目的训练，培养学生如何处理客户的异议以及处理过程中应掌握的技巧。

二、训练类型

观点辩论，角色扮演

三、学时建议

4 学时

四、训练准备

搜集客户异议处理技巧和方法的有关资料。

五、训练内容

1. 能够熟练处理客户异议。
2. 本实训任务全部结束后，完成实训报告。
3. 小组自我评价，分析实训得失。小组相互评价，分析其他小组的优点及不足。

六、训练方案

（一）观点辩论

老师提出话题，例如，“从事营销活动的人，就是同拒绝的人打交道。”“战胜拒绝的人，才是推销成功的人。”同学判断话题是否正确，进行头脑风暴展开讨论，开展辩论赛。

“观点辩论”成绩评定表

第____小组　　　　　　　　姓名：____________　　　　　　　　学号：________

等级	评价标准	成绩
优秀	1. 态度端正，积极参与。 2. 论点明晰，理解深刻，论据充足、合理、有力，引证恰当，有层次，多角度，分析透彻。 3. 言语清楚达意，陈述条理性强，措辞造句逻辑严密，表述无失误。	
良好	1. 态度端正，积极参与。 2. 论据内容正确合理、引述材料恰当。 3. 言语清楚，条例清晰，表述失误不超过 1 次。	
及格	1. 态度端正，能按要求参与训练。 2. 论据基本正确合理，表述失误不超过 2 次。	
不及格	1. 态度不端正，参与积极性不高，有迟到、早退现象。 2. 事前准备不足，论据不充足，条理混乱，明显失误超过 2 次。 3. 无故缺课，没有参与本次训练。	

（考核时间：201　年　月　日）

（二）角色扮演

顾　　客：你们的价格太贵了。

销售人员：太贵？

顾　　客：你们产品的价格几乎比你们竞争对手的价格高出 25 美元。

销售人员：这正是你应该买我们产品的原因。我们产品有许多好的品质，每个人都知道物有所值。没有其他的产品有我们产品独特的时间特征。你只要按一下这个按钮，就会看到时间和日期。

顾　　客：这很好。但我感兴趣的是我的秘书能用于计算薪水总额、税收以及其他商业申请表的计算器。

销售人员：你所说的仅仅是一种处理最小功能的最基本的计算器。

顾　　客：是这样的，你们没有这种低价的。

销售人员：我明白你的意思。但我认为质量也是一个重要的考虑因素，我们的计算器保证可使用 5 年而不需维修，这比竞争对手产品的有效使用期要多出 2 年。这就相当于每月仅 2 美元。

顾　　客：嗯，你或许是正确的，但我仍需要考虑。

销售人员：女士，你付给你秘书多少工资?

顾　　客：每小时10美元。

销售人员：嗯，先前我计算过，用我们的计算器可使你每天节省2小时的工作时间，相当于每天节省20美元，一周100美元，一个月就节省400美元。这些都代表你腰包中的金钱。如果你还不下决心，这可是一个损失。

顾　　客：我猜你或许是正确的，但我真的不信任你的公司。

销售人员：那你就错了。女士，我们公司在业内享有最高的声誉，没有人曾怀疑过我们的威望。

顾　　客：我知道汤姆买了你们的计算器，从未正确运行过。尽管如此，你们公司没有进行任何补偿。

销售人员：我觉得这难以置信。我们公司从来不会那样欺骗顾客，你肯定是道听途说的。

顾　　客：嗯，无论在哪儿听到的，我现在没兴趣与你们公司打交道。现在我还有事，如果你能让我做我要做的事情，我会很高兴。

任务：

1. 分析销售人员是怎样处理顾客异议并劝说对方买一个全功能的财政金融计算器的。指出其使用的技巧。

2. 如果你是这名销售人员，你会用什么方法去做，请学生现场演示。

任务流程：

1. 每名学生在充分阅读的情况下，分小组进行讨论。

2. 班级讨论结束后，每组组长将本组讨论结果汇总，以书面形式上交，教师评分之后存档。

3. 模拟表演。

“角色扮演”成绩评定表

第____小组　　　　姓名：__________　　　　学号：________

等级	评价标准	成绩
优秀	1. 态度端正，积极参与，富有团队协作精神。 2. 观点明确，分析透彻，条理清晰。 3. 熟练掌握客户异议处理技巧并能准确运用。	

（续上表）

等级	评价标准	成绩
良好	1. 态度端正，积极参与，有团队合作意识。 2. 观点明确，分析合理，条理基本清晰。 3. 能理解客户异议处理技巧及方法。	
及格	1. 态度端正，能按要求参与训练，有集体观念。 2. 观点基本正确，但论据不充分，分析不透彻。 3. 基本了解客户异议处理技巧及方法。	
不及格	1. 态度不端正，参与积极性不高，有迟到、早退现象。 2. 观点不明确，对客户异议处理技巧及方法的理解存在重大失误。 3. 无故缺课，没有参与本次训练	

（考核时间：201　年　月　日）

七、知识点拨

（一）顾客异议及其类型

顾客异议又叫“推销障碍”，是指在推销洽谈中被顾客用来作为拒绝购买理由的各种问题、意见和看法。顾客异议往往是顾客保护自己的行为，其本质不具有攻击性，但他的后果不但可能影响一次推销的成功，有的还可能形成舆论，造成对推销活动在更长时间、更大空间上的不利影响。要消除异议的负面影响，首先要识别和区分顾客异议的类型，然后采取相应的办法予以处理。常见的顾客异议大致有以下八种：需求异议、财力异议、权力异议、价格异议、产品异议、营销员异议、货源异议、购买时间异议。

（二）处理顾客异议的方法

顾客异议表现形式多种多样，异议原因错综复杂，推销人员要积极深入地分析根源，探寻有效解决异议的方法，为排除推销障碍，促成交易打下良好的基础。由于顾客异议发生的时间、地点、环境条件各不相同，因此处理顾客异议的方法应该而且必须是多种多样的，根据有关推销专著的概括和介绍，最常用的处理顾客异议的方法有以下八种：

1. 抵消处理法

抵消处理法又叫“平衡处理法”，是指推销员坦率地承认顾客异议所指出的问题是的确存在的问题，指出顾客可以从推销品及其购买条件中得到其他的好处，使异议所提问题造成的损失得到充分补偿，从而使顾客得到心理平衡，增强购买的信心。

2. 问题引导处理法

问题引导处理法，是指推销人员利用顾客提出的异议，直接以询问的方式向顾客提出问题，引导顾客在回答问题的过程中不知不觉地回答了自己提出的异议，甚至否定自己，同意推销人员观点的处理方法。

3. 沉默处理法

沉默处理法又叫“不理睬法”，是指推销员判明顾客所提出的异议与推销活动以及实现推销目的无关或无关紧要时避而不答的处理异议方法。例如，顾客说：“你们厂可真不好找。”推销员随声附和一语带过，接着转入正题：“是的，我们厂的位置是有点偏。您看看我们的新产品在功能上又有了一些改进。”在推销活动中，有些顾客异议是无效的、无关的，甚至是虚假的，推销人员完全可以不予理会。

4. 反驳处理法

反驳处理法是指推销人员根据比较明显的事实与充分的理由直接否定顾客异议的方法。推销人员采用这种方法给顾客直接、明确、不容置疑的否定回答，迅速、有效地输出与顾客异议相悖的信息，以加大说服的力度和反馈速度，从而达到缩短推销时间、提高推销效率的目的。反驳处理法适用于处理由于顾客的误解、成见、信息不足等而导致的有明显错误、漏洞、自相矛盾的异议，不适合于处理因个性、情感因素引起的顾客异议。

5. 转折处理法

转折处理法是指推销人员根据有关事实和理由间接否定顾客异议的方法。采用这种方法时，推销人员首先要承认顾客异议的合理成分，然后用“但是”、“不过”、“然而”等转折词将话锋一转，对顾客异议予以婉转否定。这种方法适用于顾客因为有效信息不足而产生的片面经验、成见、主观意见，而且顾客能自圆其说的情况。

6. 利用处理法

利用处理法也叫“转化法”，是指推销人员直接利用顾客异议中有利于推销成功的因素，并对此加工处理，转化为自己观点的一部分以消除顾客异议，说服其接受推销。

顾客提出：“你们的产品又涨价了，我们买不起。”推销员回答：“你说得对，这些东西的价格又涨了。不过现在它所用的原材料的价格还在继续上涨，所以商品的价格还会涨得更高，如果现在不买，过段时间价格会更贵。”

这个例子中推销员就是利用产品涨价这个问题，向顾客解释了涨价的原因，并引导顾客及时作出购买决定。

7. 预防处理法

预防处理法是指推销人员在推销拜访中，确信顾客会提出某种异议，就在顾客尚未提出异议时，自己先把问题说出来，继而适当地解释说明，予以回答。预防处理法的最大好处就是先发制人，有效地阻止顾客的异议。但采用这种方法，推销人员需要在推销活动的各个阶段对顾客可能提出的各种异议列出来，并详细准备好处理方法，在推销中视具体情况灵活组合运用。

8. 定制处理法

定制处理法是指推销人员按照顾客异议的具体要求重新为顾客提供符合要求的产品，从而进行顾客异议处理。这一方法很好地体现了现代市场营销观念中"按需生产"、"以销定产"的观点，企业按照顾客异议的具体内容进行推销品的生产与销售，是满足顾客需求的最好方法，也是目前能够满足顾客需要的最高标准。另外，可以通过产品与推销的改进而带动企业生产与经营活动的进步，引发企业对新产品的开发与市场开拓，更好地体现企业及推销人员的服务精神，在当今竞争激烈的市场经济中，无疑也是一种比较有效的竞争方式。

处理顾客异议的方法还有很多种，如使用证据法、举证劝诱法、有效类比法、旁敲侧击法等。推销人员应注意在实践中根据不同的具体情况灵活运用各种方法，并创造出行之有效的新方法，以争取创造良好的推销业绩。

八、实训表格

1. 实训成绩登记表；2. 实训报告（参考格式附后）

附表 1：实训成绩登记表

实训成绩登记表

任务名称：4.3　异议处理训练　　　　　　　　　　时间：________年____月____日

学号	姓名	实训成绩		
		观点辩论	角色扮演	总成绩

说明：1. 本项实训任务总成绩计算办法：得两个优秀的小组，总成绩记“优秀”；得一个优秀，且无不及格者，总成绩记“良好”；第一项未得优秀，且第二项为“不及格”者，总成绩记“不及格”；其余总成绩记“及格”。2. 实训项目结束，当场宣布小组及个人成绩。

附表 2：实训报告

实训报告

专业：__________ 班级：______ 第__ 实训小组 日期：201__ 年____月____ 日

<table>
<tr><td rowspan="2">教师
评语</td><td colspan="3" rowspan="2"></td><td>成绩</td><td></td></tr>
<tr><td>教师
签字</td><td></td></tr>
<tr><td>小组名单</td><td colspan="5"></td></tr>
<tr><td>任务编号</td><td></td><td>任务名称</td><td></td><td>学时</td><td></td></tr>
<tr><td>使用教材</td><td colspan="5"></td></tr>
<tr><td colspan="6">一、实训任务

二、实训目的

三、步骤与内容

四、实训总结（主要写收获与不足、感想或建议，字数 500 字左右）</td></tr>
</table>

（注：本表内容多时可另附页）

4.4 促成交易训练

一、训练目的

通过本项目的训练，学生应该能够正确识别成交信号，抓住时机运用正确的成交策略与方法及时促成交易。

二、训练类型

角色扮演，现场观摩，销售游戏

三、学时建议

4 学时

四、训练准备

搜集顾客成交策略和方法的相关资料。

五、训练内容

1. 能够准确捕捉顾客的各种成交信号。

2. 能够熟练运用各种成交方法，能够准确把握成交时机，运用成交方法促成交易。

3. 本实训任务全部结束后，完成实训报告。

4. 小组自我评价，分析实训得失。小组相互评价，分析其他小组的优点及不足。

六、训练方案

（一）角色扮演

将班级学员分成若干组，每组以 6 人为宜，一人扮演推销员，其余 5 人分别扮演不同类型的顾客，推销的产品不限，假想场地不限，自行设计场景进行表演。每组表演时其他各组认真观察并识别、归纳对象的成交信号及所运用的成交方法，最后进行小组讨论。

（二）现场观摩

带学生到百货商场参观，观摩商场营业员识别成交信号并促成交易的过程，在小组内进行讨论分析。

（三）销售游戏——找变化

游戏目的：作为销售人员，应具有较强的观察能力，善于识别顾客的各种成交信号，本游戏主要是培养大家的观察能力。

游戏步骤：

1. 找一个身边的同学结成伙伴。
2. 背对背，给 3 分钟时间，各自在自己身上做四个变化。
3. 回过头，彼此找出对方的变化。
4. 再背对背，这次给 5 分钟时间，在身上做出十个变化。
5. 回过头，彼此找出对方的变化，两次都找出的即为观察能力强的。

成绩评定表

第____小组　　　　姓名：__________　　　　学号：________

等级	评价标准	成绩
优秀	1. 态度端正，积极参与，富有团队协作精神。 2. 准备充分，沟通能力强，在听、说、问、答技巧运用方面有 3 个以上亮点，无明显失误。	
良好	1. 态度端正，积极参与，有团队合作意识。 2. 准备充分，沟通能力较强，在听、说、问、答技巧运用方面有 2 个以上亮点，明显失误不超过 1 处。	
及格	1. 态度端正，能按要求参与训练，有集体观念。 2. 事前有准备，沟通能力较强，在听、说、问、答技巧运用方面有 1 个以上亮点，明显失误不超过 2 处。	
不及格	1. 态度不端正，参与积极性不高，有迟到、早退现象。 2. 事前准备不足，沟通不顺畅，在听、说、问、答技巧运用方面无亮点，明显失误超过 2 处。 3. 无故缺课，没有参与本次训练。	

（考核时间：201　年　月　日）

七、知识点拨

（一）成交的信号

成交信号是指顾客在语言、表情、行为等方面所泄露出来的打算购买推销品的一切暗示或提示。在实际推销工作中，顾客一般不会首先提出成交，更不愿主动、明确地提出成交。但是顾客的购买意向总会通过各种方式表现出来，对于推销人员而言，必须善于观察顾客的言行，捕捉各种成交信号，及时促成交易。

顾客表现出来的成交信号主要有表情信号、语言信号、行为信号等。

1. 表情信号

这是从顾客的面部表情和体态中所表现出来的一种成交信号，如在洽谈中面带微笑、下意识地点头表示同意你的意见、对产品不足表现出包容和理解的神情、对推销的商品表示兴趣和关注等。例如，一位保险推销员，在给顾客讲述一个充满感情的、很有说服力的第三者因为购买保险而从灾难中得到补偿的故事时，竟让对方忍不住双目含泪。这个信号非常清晰地告诉推销人员，顾客是非常有同情心并且关注自己的家庭成员的。这个信号为推销员销售保险产品提供了宝贵的线索和方向。

2. 语言信号

顾客通过询问使用方法、价格、保养方法、使用注意事项、售后服务、交货期、交货手续、支付方式、新旧产品比较、竞争对手的产品及交货条件、市场评价，说出“喜欢”和“的确能解决我这个困扰”等表露出来的成交信号。

3. 行为信号

由于人的行为习惯，经常会有意无意地从动作行为上透漏一些对成交比较有价值的信息，推销人员要立即抓住良机，勇敢、果断地去试探、引导客户签单。正因为通过顾客的行为我们可以发现许多顾客发出的成交信号，因此作为一位推销人员应尽力使顾客成为一位参与者，而不是一位旁观者。在这种情况下，通过细心观察，推销人员很容易发现成交信号。比如，当顾客在商品前流连忘返，或者来回看过几次的时候，就说明顾客对该产品有很大的兴趣，只要及时解决顾客的疑问，成交也就顺理成章了。

（二）促成交易的策略

成交策略是促成交易活动的基本战术，适用于各种商品或服务的买卖活动。成交的实现，取决于推销人员是否真正掌握并灵活运用成交策略和成交战术。常用的成交策略主要有以下六种：①预防第三者“搅局”；②保留一定的成交余地，适时促成交易；③保持积极的心态，正确对待成败；④因势利导，诱导顾客主动成交；⑤关键时刻亮出“王牌”；⑥充分利用最后的成交机会。

（三）促成交易的方法和技巧

所谓成交方法是指推销人员用来促成顾客作出购买决定，最终促使顾客采取购买行动的方法和技巧。它是成交活动的规律与经验的总结，常用的成交方法主要有以下十种：

1. 请求成交法

请求成交法（Asking for the Order），也叫“直接成交法”（Direct Approach），即推销人员用明确的语言向准顾客直接提出购买的建议。当买卖已经“瓜熟蒂落”时，推销员自然就应说：“既然没什么问题，我看我们现在就把合同订了吧。”

2. 假定成交法

假定成交法是指在尚未确定成交，对方扔持有疑问时，销售人员就假定顾客已接受销售建议而直接要求其购买的成交法。假定成交法，特别适用于对老顾客的推销。例如，一个化妆品推销员对一个正在比较各种口红颜色的顾客说：“你手上的这支很适合你的年龄和肤色。来，我替你装好。”

3. 选择成交法

选择成交法是指推销人员向顾客提供两种或两种以上可供选择的购买方案来促成交易的成交方法。它是假定成交法的应用和发展，仍然以假定成交理论作为理论依据，即推销人员在假定成交的基础上向顾客提出成交决策的比较方案，先假定成交，后选择成交。顾客不能在买与不买之间选择，而只是在推销品不同的数量、规格、颜色、包装、样式、交货日期等方面作出选择，使顾客无论作出何种选择，导致的结局都是成交。

4. 总结利益成交法

总结利益成交法是指推销人员将顾客关注的产品的主要特色、优点和利益，在成交中以一种积极的方式来成功地加以概括总结，以得到顾客的认同并最终获取订单的成交方法。

5. 从众成交法

从众成交法是推销人员利用人们的从众心理来促成准顾客购买推销品的成交方法。比如一位服装店的销售人员在销售服装时说：“您看这件衣服式样新颖美观，是今年最流行的款式，颜色也合适，您穿上一定很漂亮，我们昨天刚进了四套，今天就剩下两套了。”采用从众成交法，可以用一部分顾客去吸引另一部分顾客，从而有利于推销人员提高销售的效率。

6. 小点成交法

小点成交法又称“局部成交法”，是推销人员利用局部成交来促成整体成交的方法。小点是指次要的、较小的成交问题。小点成交法主要利用的是“减压”原理，以若干细小问题的决定来避开是否购买的决定，培养良好的洽谈氛围，导向最后的成交。购买者对重大的购买决策往往心理压力较大，较为慎重，担心有风险而造成重大损失，导致难以决断，特别是成交金额较大的交易。为了减轻顾客对待成交的心理压力，帮助顾客尽快下定决心，推销人员可以采取化整为零的方法，将整体性的全部决定变为分散性的逐个决定，先争取对方部分同意。让顾客逐个拿定主意，最后再综合整体，以促成购买决策的达成。

7. 最后机会成交法

所谓最后机会成交法是指推销人员直接向顾客提示最后成交机会而促使顾客立即购买的一种成交方法。这一成交方法要求推销人员运用购买机会原理，向顾客提示“机不可失，时不再来”的机会，给顾客施加一定的成交压力，使顾客感到应该珍惜时机，尽快采取购买行为。

8. 优惠成交法

优惠成交法是推销人员通过提供优惠的交易条件来促成交易的方法。它利用了顾客在购买商品时，希望获得更大利益的心理，实行让利销售，促成交易。比如商业推广中经常使用的“买二送一”，“买大家电送小家电”等。

9. 体验成交法

体验成交法是推销人员为了让顾客加深对产品的了解，增强顾客对产品的信心而采取的试用或者模拟体验的一种成交方法。当推销人员和顾客商讨完有关产品、服务保障和交易条件后，为了促成交易，就需要在可能的条件下用形象化的手段直观地展示推销品。比如用计算机给顾客演示产品的多媒体效果图和有关公司的发展理念、服务网络、文化等方面的情况，以进一步增强用户信心。体验成交法能给顾客留下非常深刻的直观印象。目前，在很多高价值、高技术含量的产品领域，体验成交非常流行。比如，汽车销售中的顾客试驾，软件销售中的顾客试用体验等。

10. 保证成交法

保证成交法是推销人员通过向顾客提供某种保证来促成交易的成交方法。例如：“我们汽车保证您能够无故障行驶 20 万公里，并且还可以为您提供长达 8 年的售后服务保证，一旦遇到什么问题，我们公司的服务人员会随时上门为您提供服务。”

成交是整个推销进程中最重要的步骤之一，直接关系到推销的成败。要获得推销的成功，除了掌握成交的一些基本技巧外，也应熟悉常用的推销方法，根据推销员自身、推销品及推销对象的情况选择合适的一种或几种推销方法在实践中加以运用，并不断提炼、总结和完善。

八、实训表格

1. 实训成绩登记表；2. 实训报告（参考格式附后）

附表1：实训成绩登记表

实训成绩登记表

任务名称：4.4 促成交易训练　　　　　　时间：＿＿＿＿年＿＿月＿＿日

学号	姓名	实训成绩			总成绩
		角色扮演	现场观摩	销售游戏	

说明：1. 本项实训任务总成绩计算办法：得两个优秀的小组，总成绩记“优秀”；得一个优秀，且无不及格者，总成绩记“良好”；第一项未得优秀，且第二项为“不及格”者，总成绩记“不及格”；其余总成绩计“及格”。2. 实训项目结束，当场宣布小组及个人成绩。

附表 2：实训报告

实训报告

专业：__________　　班级：______　　第__实训小组　　日期：201__年____月____日

<table>
<tr><td rowspan="2">教师
评语</td><td rowspan="2" colspan="3"></td><td>成绩</td><td></td></tr>
<tr><td>教师
签字</td><td></td></tr>
<tr><td>小组名单</td><td colspan="5"></td></tr>
<tr><td>任务编号</td><td></td><td>任务名称</td><td></td><td>学时</td><td></td></tr>
<tr><td>使用教材</td><td colspan="5"></td></tr>
<tr><td colspan="6">一、实训任务

二、实训目的

三、步骤与内容

四、实训总结（主要写收获与不足、感想或建议，字数 500 字左右）</td></tr>
</table>

（注：本表内容多时可另附页）

4.5 业务洽谈训练

一、训练目的

通过本项目的训练，使学生能够根据特定的商谈背景策划洽谈方案，并运用恰当的谈判策略达到预期目标，以进一步增强学生的商务沟通意识，提高沟通技能，巩固商务谈判相关知识。

二、训练类型

谈判游戏，角色模拟

三、学时建议

6 学时

四、训练准备

1. 小纸卡片 12 张，最好是不同颜色的各 6 张，没有彩色纸可用记号区分。
2. “谈判游戏记分标准”每小组一份，游戏时分发。

五、训练内容

（一）对谈判原则的理解及如何确定谈判目标。
（二）谈判中如何有效沟通及谈判心理知识的应用。
（三）本实训任务全部结束后，完成实训报告。

六、训练方案

（一）谈判游戏

游戏规则和程序：

1. 将受训学生分为两组，每组成员 4 ~ 8 人，每组推举一名作为主谈人，其他人协助，并确定一名记录员。

2. 公布记分标准：

方案选择		记分标准		第一阶段分数		第二阶段分数	
A组	B组	A组	B组	A组	B组	A组	B组
红	红	+3	+3				
红	蓝	-6	+6				
蓝	红	+6	-6				
蓝	蓝	-3	-3				
综合得分与等级							

操作说明：游戏分作两个阶段进行。第一个阶段，事先不公布记分标准，让各组多次选择，评出成绩，观察其反应；第二个阶段，公布记分标准后，再进行多轮谈判，评出成绩。

3. 各组在充分讨论的基础上，确定本组方案（即待定颜色），写在卡片纸上交给教师，注意在公布结果前保密。

4. 教师宣布双方选择结果，并根据记分标准为双方打分（记入第二阶段的成绩中）。

5. 游戏可以持续多轮（一般以三轮为宜），其间双方只有一次机会可以互相交流，但只有在双方都提出这个要求时才可以，其他时间双方不能进行任何接触，中间需保持一定的空间距离。

6. 总分为正的小组为赢家，小组成绩为优秀，作为计算本项实训任务总成绩的依据；得负分的为输家，小组不计成绩。双方都为正值这是达到双赢，双方均为负数，没有赢家。

7. 评价与总结：游戏结束后，教师引导学生思考，两种游戏方式有什么不同，对谈判有什么影响？能得到哪些谈判启发？

（二）模拟推销

三位同学一组，分别进行模拟店铺销售情境中的手机推销，其中一人扮演推销员，一人扮演顾客，另一人作为观察员，观察并记录他们的表现，结束后点评。三人分别进行角色轮换一次。

操作要领：

1. 学生训练时，教师应在旁边仔细观察，并记录各人表现中的优点、缺点，作为点评和成绩考核的主要依据。

2. 一个小组训练考核结束后，另一个小组再进行，不宜多个小组同时进行。

3. 为公平起见，教师点评宜放到全部学生训练结束后进行。

（三）评价与总结

每个小组结束模拟推销训练后，首先“观察员”身份的学生相互点评，全部学生训练结束后，教师最后小结并点评，给出本项目个人成绩。

模拟推销成绩评定表

第____小组　　　　　　姓名：________　　　　　　学号：________

等级	评价标准	成绩
优秀	1. 态度端正，积极参与，富有团队协作精神。 2. 准备充分，沟通能力强，在听、说、问、答技巧运用方面有3个以上亮点，无明显失误。 3. 谈判心理知识应用恰当，效果好。	
良好	1. 态度端正，积极参与，有团队合作意识。 2. 准备充分，沟通能力较强，在听、说、问、答技巧运用方面有2个以上亮点，明显失误不超过1处。 3. 应用了谈判心理相关知识，效果较好。	
及格	1. 态度端正，能按要求参与训练，有集体观念。 2. 事前有准备，沟通能力较强，在听、说、问、答技巧运用方面有1个以上亮点，明显失误不超过2处。	
不及格	1. 态度不端正，参与积极性不高，有迟到、早退现象。 2. 事前准备不足，沟通不顺畅，在听、说、问、答技巧运用方面无亮点，明显失误超过2处。 3. 无故缺课，没有参与本次训练。	

（考核时间：201　年　月　日）

七、知识点拨

（一）谈判原则

商务谈判最重要的原则应是互惠互利原则（也称“双赢原则”）和合作原则。互利双赢是谈判的基础，合作是谈判成功的前提。

通常说来，谈判的一般原则有：合作原则、人事分开原则、双赢原则、集中利益而非立场原则、客观标准原则。

（二）谈判班子

一个正规的谈判班子通常由主谈人和陪谈人组成。国外大多数谈判专家认为，谈判班子的理想人数不要超过4人。现代管理理论也指出，对经理们来说，对谈判这种复杂多变的环境进行管理，控制不宜过宽，以3~4人为宜。

主谈人的职责：①做好谈判前的准备工作；②发挥核心谈判人员作用；③调动全体人员的积极性。

陪谈人的任务也重要。主要有记录双方谈判的主要情节内容，在某些具体细节上答复主谈人的咨询或直接向对方提出质疑，以协助主谈人完成谈判任务。陪谈人员最忌不经主谈人员同意就对外发表自己的意见，以致与主谈人的意见相背，让对方抓住弱点，陷入被动。

（三）谈判目标

做任何事，都应该有个目标。明确的谈判目标，能够帮助谈判人员确定努力的方向，知道什么可以让步，什么不能让步。通常，谈判目标可划分为三个层次：最优期望目标、可接受目标和最低目标。

（1）最优期望目标，是指对谈判者最有利的理想目标。在实际谈判中往往很少能实现，又被谈判行家称为“乐于达成的目标”。

（2）可接受目标，是谈判人员根据各种客观因素，考察各种具体情况，经过科学认证、预测和核算之后所确定的谈判目标。这种目标是谈判一方的内部机密，对谈判人员具有强烈的驱动力，实现它就意味着谈判胜利。

（3）最低限度目标，是人们从事谈判活动必须达到的目标，是谈判人员的底牌，无讨价还价余地。

考虑谈判目标时，要注意三个问题：

（1）分清重要目标和次要目标。

（2）分清哪些可以让步，哪些不能让步。

（3）设定谈判对手的需求。要明白同一个交易条件对谈判双方的价值往往是不对等的。

（四）有效沟通技巧

1. 对沟通的理解

沟通，简单地说就是指意义（或信息）的传递与理解，它是人们分享信息、思想和情感的过程。这种过程不仅包含口头语言和书面语言，也包含形体语言、个人的习气和方式、物质环境等。

构成信息沟通过程的八个要素：发送者、信息、编码、通道、译码、接受者、反馈、噪音。

2. 影响人际间有效沟通的七大障碍

影响人际间有效沟通的七大障碍是过滤、选择性知觉、情绪、信息超载、防卫、语言、民族文化。

3. 克服人际间有效沟通的障碍的方法

克服人际间有效沟通的障碍的方法有运用反馈、简化用语、积极倾听、控制情绪、注意非语言提示。其中学会倾听是改善沟通效果的关键途径之一。

什么才算是积极倾听呢？积极倾听的行为包括：不要多说、共情、目光接触、赞许式的点头及恰当的面部表情、提问、避免分心的举动或手势、复述、避免中途打断说话者。

4. 使用积极的语言表达方式

在客户服务的语言表达中，要努力使用积极的语言表达方式，尽量避免使用负面语言。这一点非常关键。客户服务语言中不应有负面语言。什么是负面语言？比如说，我不能、我不会、我不愿意、我不可以等，这些都叫负面语言。当你说“我不能”的时候，客户的注意力就不会集中在你所能给予的事情上，他会集中在“为什么不能”，“凭什么不能”上。正确方法：“看看我们能够帮您做什么”，这样就避开了跟客户说不行、不可以。

5. 注意商务沟通中听、说、问、答技巧的运用

（1）听。力求做到态度诚恳、积极主动、专心致志。

（2）说。一是要注意针对顾客的兴趣点重点陈述；二是要在说服顾客时注意运用证据材料证明，常用证据包括：样品、模型、图片、视频；权威机构或权威专家所出具报告和证书、权威刊物、客户反馈信函等材料。三是要语言简洁、规范，注意语调和语速控制得当。

（3）问。注意提问方式：一般性提问、澄清式提问、选择性提问、引导式提问、协商式提问、肯定式提问、反问式提问等。提问时要注意提问时机、提问方式、提问语气。

（4）答。根据顾客所提问题的性质不同，采用不同的回答方式：立即回答、稍后回答、含混式回答、不予回答。

（五）商务谈判者的心理分析及策略

人是具有心理活动的。商务谈判心理是指在商务谈判活动中谈判者的各种心理活动。它是商务谈判者在谈判活动中对各种情况、条件等客观现实的主观能动

的反映。

在商务谈判中，运用谈判心理知识对谈判进行研究，分析“对手的言谈举止反映什么?”“其有何期望?”“如何恰当地诱导谈判对手?”等，对成功地促进谈判，很有必要。

谈判心理很重要的一个组成部分是谈判者的感情及其变化。谈判者在谈判中的感情表现，归纳起来主要有喜、怒、忧、惊、悲、惧等六种。

然而，谈判者的感情又必须通过某些方式表现出来，归纳起来大体为三类：面部表情、身体表达和言语表达。研究其表现形式旨在控制自我感情的自然流露，掌握并辨别谈判对手内心感情的变化，从而正确运用谈判策略。

通常，对于成熟的、精明的谈判者来说，理智将占优势，感情的冲动将退居第二位。对于这些谈判者来说，表现出的感情有可能是一种策略与技巧，是取得谈判既定目标的手段，因而要注意判断真实的与虚伪的感情。要鉴别其真伪，比较有效的手法有逻辑反应检验法、实际效果对比法和文学用语分析法。

1. 逻辑反应检验法

逻辑反应检验法，即以产生感情的刺激来源跟踪感情表现，同时从背景材料（即谈判的交易性质、谈判者、当事人之间的关系）入手，来检验谈判者感情表现的因果性，从而判定感情真伪的方法。对其他感情表现也是如此检验。可从形式逻辑推理起，再运用辩证逻辑进一步验证自己的判断，那么无论多么精明的谈判者，也不可能完全掩饰真实的感情。

2. 实际效果对比法

所谓实际效果对比法，即根据当事各方在谈判中得到的实际利益的大小对比，来判断谈判者表现的感情真伪的方法。例如，如果其表现针对的谈判目标已是对他有利的结果，那么其表现为“吃了大亏的忧伤和惧怕”之情一定是假的，其“喜”的感情才是真的。又如，有的谈判者，在其要求的条件十分苛刻之时，就“恶人先告状”，表现为受了天大的委屈似的，愤怒异常，并以决战的态度相威胁，这种表现多为虚假的现象，仅为一种压制对手的策略。

3. 文学用语分析法

文学用语分析法，即从文学的角度，判断谈判对手在表述其感情时用词是否贴切、是否有语病、是否故意夸张，以断定其感情真伪的办法。“会发光的并不都是金子。”有的谈判者口若悬河，可以九曲十八弯地飞泻而下，对此应从其表述情况、双方实际地位、谈判者的实际身份，以及所面临形势的用词在准确程度上进行判别。如过于扩张，或用词不当之处过多，那么，其表露的感情虚处较多。一般来说，文学用语不仅是个人的文学修养问题，而且是思想的真实反映。作为一种警觉，宁可认真对待，不可放松、忽视。事实上，该方法十分有效。

八、实训表格

1. 实训成绩登记表；2. 实训报告（参考格式附后）

附表 1：实训成绩登记表

实训成绩登记表

任务名称：4.5　业务洽谈训练　　　　　　　　　　时间：______年____月____日

学号	姓名	实训成绩		
		谈判游戏	模拟推销	总成绩

说明：1. 本项实训任务总成绩计算办法：得两个优秀的小组，总成绩记“优秀”；得一个优秀，且无不及格者，总成绩记“良好”；第一项未得优秀，且第二项为“不及格”者，总成绩记“不及格”；其余总成绩计“及格”。2. 实训项目结束，当场宣布小组及个人成绩。

附表2：实训报告

实训报告

专业：__________　　班级：______　　第__ 实训小组　　日期：201__ 年____月____ 日

<table>
<tr><td rowspan="2">教师
评语</td><td rowspan="2" colspan="3"></td><td>成绩</td><td></td></tr>
<tr><td>教师
签字</td><td></td></tr>
<tr><td>小组名单</td><td colspan="5"></td></tr>
<tr><td>任务编号</td><td></td><td>任务名称</td><td></td><td>学时</td><td></td></tr>
<tr><td>使用教材</td><td colspan="5"></td></tr>
<tr><td colspan="6">一、实训任务

二、实训目的

三、步骤与内容

四、实训总结（主要写收获与不足、感想或建议，字数500字左右）</td></tr>
</table>

（注：本表内容多时可另附页）

4.6 电话营销训练

一、训练目的

通过本项目的训练，使学生能够了解电话营销的基本流程，掌握电话销售过程中的开场白以及异议处理技巧。

二、训练类型

角色模拟

三、学时建议

2 学时

四、训练准备

了解自己产品的特点、市场竞争状况以及消费者的需求和基本资料。

五、训练内容

模拟某企业销售员通过电话向客户进行推销。

参考选题：

1. 模拟“碧绿园”销售员通过电话向客户进行推销。
2. 模拟“阳光公寓”销售员通过电话向客户进行推销。
3. 模拟某企业销售员通过电话向客户进行推销。

六、训练方案

1. 学生进行分组，根据班级情况，每组 3 人左右。

2. 3 名同学为一组进行模拟电话推销，其中一人扮演推销员，一人扮演顾客，另一人作为观察员，推销员通过电话向顾客推销产品，观察员观察并记录他们的表现，结束后点评。3 人分别进行角色轮换一次。教师在旁仔细观察，并记录各自优点、缺点。等学生点评完后，教师最后小结并点评，给出本项个人成绩。

电话销售成绩评定表

第____小组　　　　　　　　　　姓名：________　　　　　　　　学号：______

等级	评价标准	成绩
优秀	1. 态度端正，积极参与。 2. 目标明确，对自己的产品、市场需求、竞争状况非常熟悉。 3. 电话销售技巧熟练，开场白、异议处理非常恰当。	
良好	1. 态度端正，积极参与。 2. 目标明确，对产品非常熟悉，也了解市场需求。 3. 沟通流畅，开场白、异议处理非常恰当。	
及格	1. 态度端正，积极参与。 2. 没有明确的目标，但熟悉产品、市场。 3. 沟通过程流畅。	
不及格	1. 态度不端正，参与积极性不高，有迟到、早退现象。 2. 毫无准备，对产品、市场都不熟悉。 3. 沟通不流畅。	

（考核时间：201　年　月　日）

七、知识点拨

（一）电话销售前的准备工作

电话销售前的准备就像大楼的地基，如果地基打得不扎实，大楼很快就会倒塌。在打电话中与客户沟通的结果，与电话销售前的准备工作有很大关系。即使你有很强的沟通能力，如果准备工作做得不好，也不可能达到预期的最佳效果。电话销售前的准备工作包括以下九个方面：

1. 明确给客户打电话的目的

一定要清楚自己打电话给客户的目的，你的目的是想成功地销售产品，还是想和客户建立一个初步的关系把资料发过去，只有明确了才有利于实现打电话的目的。

2. 明确打电话的目标

目标是什么？目标是电话结束以后的效果。目的和目标是有关联的，一定要清楚打电话的目的和目标，这是两个重要的方面。

3. 为了达到目标所必须提问的问题

为了达到目标需要得到哪些信息，提出哪些问题，这些在打电话之前必须要明确。电话销售开始时就是为了获得更多的信息和了解客户的需求，如果不提出问题，显然是无法得到客户的信息和需求的。所以电话销售中提问的技巧非常重要，应把需要提问的问题在打电话之前就写在纸上。

4. 设想客户可能会提到的问题并做好准备

你打电话时客户也会向你提一些问题，如果客户向你提问的问题你不是很清楚，你要花时间找一些资料，客户很可能会因为怕耽误他的时间而把电话挂掉，这也不利于信任关系的建立。所以你要明确客户可能提问一些什么问题，而且应该事先就知道怎么去回答。

5. 熟悉自己产品的卖点、竞争对手的情况

无论在什么时候，我们的销售员都要记住：打电话的目的是销售产品，而不是为了打电话而打电话。所以在熟悉产品的过程中，要学会问自己问题：如果我是客户，我会对产品的哪些卖点感兴趣？怎样介绍产品能打动客户？当你能回答这两个问题后，要尽量写出来变成自己的语言。熟悉自己产品的同时，也要对竞争对手的情况有所了解，因为在交谈过程中客户可能会随时问到相关情况。

6. 分析客户，准备资料

我们在打电话之前，通常都要对手头上的客户资料进行一定的分析，比如：公司的规模、是否是知名企业、使用的是免费邮箱还是企业邮箱等。然后根据初步了解的情况，准备相应的资料，也就是将要向对方推荐的产品。将所有打电话时要用的文具准备妥当，方便随时应用，如一支签字笔、一个笔记本，用以记下客户的资料，甚至是一份打电话时的说话次序等资料。对于初次尝试的朋友来说，在未念熟对白之前，是很难开口的。如果照着讲词去读，会方便一些。

7. 设计开场白

一个好的开场白能快速拉近与客户的距离，能在沟通过程中起到意想不到的效果。因此开场白也是需要我们提前设计好，并熟练的。

8. 建立自信心

在销售过程中要树立自信，对自己有信心，对客户也有信心，同时要坚定服务理念，即我打电话不是骚扰客户，而是为客户服务，客户有需求，我们的产品能为客户服务，能给客户带来利益。这样在销售过程中我们就能更加自信地与客户沟通了。

9. 积极的态度

电话销售态度一定要积极，电话销售人员每天打电话的量相当大，而且每天遭到的拒绝也非常多，所以很容易造成精神上的疲倦。在这种疲倦的情况下，可能在打电话时，态度上就会情不自禁地消极起来。因此要正确对待销售过程中的挫折，让自己的态度积极起来。

（二）电话销售的开场白

作为一名优秀的电话销售员，在初次打电话给客户时，必须要在 30 秒内进行公司及自我介绍，并引起客户的兴趣，让客户愿意继续谈下去。即销售员要在 30 秒内清楚地让客户知道以下三件事：①我是谁，我代表哪家公司？②我打电话给客户的目的是什么？③我公司的产品对客户有什么用途？

有效开场白的目的就是让顾客在最短时间内对电话营销员感兴趣，对谈话内容感兴趣，在交谈中能够很快进入主题，而不是很快挂断电话，使你无法介入主题。常见的开场白方法有：

1. 直截了当开场法

销售员：你好，朱小姐/先生吗？我是某某公司的医学顾问李明，打扰您工作/休息了，我们公司现在做一次市场调研，能否请您帮个忙呢？

顾客朱：没关系，是什么事情？

顾客也可能回答：我很忙或者正在开会或者以其他理由拒绝。

销售员必须马上接口：那我一个小时后再打给您吧，谢谢您的支持。然后，销售员要主动挂断电话！

当一个小时后打过去时必须营造一种很熟悉的气氛，缩短距离感：朱小姐/先生，您好！我姓李。您叫我一小时后来电话的……

2. 同类借故开场法

销售员：朱小姐/先生，我是某某公司的医学顾问李明，我们虽没见过面，但可以和您交谈一分钟吗？

顾客朱：可以，什么事情？

顾客也可能回答：我很忙或者正在开会或者以其他理由拒绝。

销售员必须马上接口：那我一个小时后再打给您吧，谢谢。然后，销售员要主动挂断电话！

当一个小时后打过去时必须营造一种很熟悉的气氛，缩短距离感：朱小姐/先生，您好！我姓李。您叫我一小时后来电话的……

3. 他人引荐开场法

销售员：朱小姐/先生，您好，我是某某公司的医学顾问李明，您的好友王华是我们公司的忠实用户，是他介绍我打电话给您的，他认为我们的产品也比较符合您的需求。

顾客朱：王华？我怎么没有听他讲起呢？

销售员：是吗？真不好意思，估计王先生最近因为其他原因，还没来得及给您引荐吧。您看，我这就心急地主动打来电话了。

顾客朱：没关系的。

销售员：那真不好意，我向您简单地介绍一下我们的产品吧……

4. 自报家门开场法

销售员：朱小姐/先生，您好，我是某某公司的医学顾问李明。不过，这可是一个推销电话，我想您不会一下子就挂电话吧！

顾客朱：推销产品，专搞欺骗，我最讨厌推销的人了！

（顾客也可能回答：你准备推销什么产品。若这样就可以直接进入产品介绍阶段）

销售员：那我还真的要小心了，别让您再增添一个讨厌的人了，呵呵。

顾客朱：呵呵，小伙子，还挺幽默的，准备推销什么产品，说来听听。

销售员：是这样的，最近我们公司的医学专家团，在做一次关于××的市场调研，不知您对我们产品有什么看法？

5. 故意找茬开场法

销售员：朱小姐/先生，您好，我是某某公司的医学顾问李明，最近可好，不知您还记得我吗？

顾客朱：还好，你是?!

销售员：是这样的，我们公司主要是销售××产品，您在半年前给我们打过咨询电话来购买，我们曾提供给您一些试用产品。这次打电话给您，就是想咨询一下您对我们的产品还有什么宝贵的意见和建议？

顾客朱：你打错了吧，我用的不是你们的产品。

销售员：不会吧，难道是我的顾客回访档案记录错了。真不好意思，能冒昧问一下您当前使用的是什么品牌的美容产品吗？

顾客朱：我现在使用的是××品牌的美容产品……

6. 故作熟悉开场法

营销员：朱小姐/先生，您好，我是某某公司的医学顾问李明，最近可好？

顾客朱：还好，你是？

营销员：不会吧，朱小姐/先生，您贵人多忘事啊，我李明啊，工作压力大还是要注意身体的。对了，您使用了我们的美容产品，感觉效果还好吧？最近我们刚推出一种联合服务套餐活动，不知您是否感兴趣？

顾客朱：你可能打错了，我并没有使用你们的产品。

营销员：不会是我搞错顾客回访档案了吧？朱小姐/先生，那真不好意思！我能为您介绍一下我们的产品，为您提供一些服务吗？

顾客朱：看你们对用户挺关心的，你介绍一下吧。

7. 从众心理开场法

营销员：您好，朱小姐/先生，我是某某公司的医学顾问李明，我们公司是专业从事××抗衰老美容产品销售的，我打电话给您的原因是因为目前我们产品成功地帮助了许多人，快速达到延缓衰老的效果（如张曼玉、林青霞、木村拓哉等），我想请教一下您在抗衰老美容产品方面使用的是哪个牌子的产品？……

顾客朱：是吗？我目前使用的是××品牌的美容产品。

8. 巧借东风开场法

营销员：您好，请问是朱小姐/先生吗？

顾客朱：是的，什么事？

营销员：您好，朱小姐/先生，我是某某公司的医学顾问李明，今天给您打电话最主要是感谢您对我们公司一直以来的支持，谢谢您！

顾客朱：这没什么！

营销员：为答谢老顾客对我们公司一直以来的支持，公司特准备一次优惠酬宾活动，我想，朱小姐/先生一定很感兴趣的！

顾客朱：那说来听听！

9. 制造忧虑开场法

营销员：您好，请问是朱小姐/先生吗？

顾客朱：是的，什么事？

营销员：我是某某公司的医学顾问李明，我打电话给您的原因主要是不少顾客都反映现在的美容产品多是治标不治本，一旦停止使用，马上就会反弹，想请教一下您对这种问题的看法。

顾客朱：是的……

顾客也可能这么回答：不好意思，我不清楚。

营销员要赶快接口：那请问朱小姐/先生目前使用的是什么品牌的产品？

（三）电话销售的语言与声音技巧

在电话营销的过程中，声音是传递信息的重要载体，而声音对信息的影响占80%以上，因此，要提高电话营销感染力，就要提高声音的魅力。

1. 语调热情大方

说话时，态度要热情大方，语调应该是上扬的。比如打电话说“您好”的时候，声音上扬可以表现出你的激情活力，与“您好（降调）”的感觉效果肯定不一样。语调的细微差别所产生的效率差别之大远远超出我们的想象。我们在通话的最初几秒内就可以了解到对方声音中的许多内容，通过“喂，您好！”这两个词就可以听出接电话人的确切情绪。

2. 吐字清晰明了

要想使声音在电话中富有魅力，就一定要吐字清晰。每一次通话，都要给客户如坐春风的感觉。假如你的声音在电话里含糊不清，客户可能会有很多困惑，所以，你在电话里的声音应尽力做到清晰明了。

3. 语速快慢适中

要让我们的声音富有感染力，就要养成一个习惯，让自己说话的速度不快不慢，适中的语速是一般人所乐意接受的。

4. 音量轻重合宜

我们在音量的控制上，必须跟客户的音量一致。随内容的变化抑扬顿挫，避免学生腔调和背书腔调。必要的话你可以用录音机录下来，录音的时候，平常你怎么说，现在还怎么说，不要夸张。然后分析一下，看有没有让人听起来不舒服的地方。如果你自己把握不好，请别人帮个忙也不失为良策。

5. 内容得体，发音正确

必须注意讲话一定要得体，给客户留下好印象。要注意发音的正确性，每个词都要做到准确无误。例如，湖南籍的电话业务员一定要注意“h”与“f”的区别，“贺电”不要说成“佛殿”；而东北籍的要注意“z、c、s”与“zh、ch、sh”的不同。注意这些细微差别，不仅对你从事电话业务有益，对你从事其他工作也大有用处。改正发音需要经常练习，最好身边能准备一本简易《新华字典》，遇到发音不准的字要及时查阅。

八、实训表格

1. 实训成绩登记表；2. 实训报告（参考格式附后）

附表1：实训成绩登记表

实训成绩登记表

任务名称：4.6　电话营销训练　　　　时间：________年____月____日

学号	姓名	实训成绩		
		模拟顾客	模拟销售员	总成绩

说明：1. 本项实训任务总成绩计算办法：得两个优秀的小组，总成绩记“优秀”；得一个优秀，且无不及格者，总成绩记“良好”；第一项未得优秀，且第二项为“不及格”者，总成绩记“不及格”；其余总成绩记“及格”。2. 实训项目结束，当场宣布小组及个人成绩。

附表2：实训报告

实训报告

专业：__________ 班级：______ 第_ 实训小组 日期：201_ 年___月___日

<table>
<tr><td rowspan="2">教师
评语</td><td colspan="3" rowspan="2"></td><td>成绩</td><td></td></tr>
<tr><td>教师
签字</td><td></td></tr>
<tr><td>小组名单</td><td colspan="5"></td></tr>
<tr><td>任务编号</td><td></td><td>任务名称</td><td></td><td>学时</td><td></td></tr>
<tr><td>使用教材</td><td colspan="5"></td></tr>
<tr><td colspan="6">一、实训任务

二、实训目的

三、步骤与内容

四、实训总结（主要写收获与不足、感想或建议，字数500字左右）</td></tr>
</table>

（注：本表内容多时可另附页）

模块五　营销综合技能训练

一、训练目的

通过本项目的训练，使学生能够树立正确的营销理念，学会针对某具体项目开展市场调查与分析、综合运用4P工具设计营销策略，能熟练地按照规范要求撰写营销策划书。同时，在完成任务的过程中学会沟通与团队合作，达到综合运用所学专业知识的目的。

二、训练类型

项目策划

三、学时建议

20学时

四、训练准备

1. 教师辅导营销策划的基本流程及营销策划书的撰写格式与要求。
2. 为每个学习小组准备3张空白A4纸作策划报告用。

五、训练内容

1. 营销调研训练。
2. 营销环境分析训练。
3. STP营销规划训练。
4. 4P营销策略策划训练。
5. 营销策划书撰写训练。

六、训练方案

1. 各小组在教师指导下，就近利用学院周边企业资源（也可利用本课程已完成的调查项目资料），选择恰当的项目作为策划对象。

2. 小组完成营销策划书，并制作汇报 PPT。

3. 组织一次全班汇报与评比专题会议：各小组按抽签先后次序，依次完成汇报和答辩。各小组相互评分，教师评分并总结。

4. 小组完成实训报告。（本任务结束后三天内完成）

说明：本任务要求完成的所有材料包括策划书、汇报 PPT、实训报告，都要同时提交纸质文档和电子文档。

营销策划成绩评定表

第____小组　　　　　　姓名：____________　　　　　　学号：________

等级	评价标准	成绩
优秀	1. 态度端正，积极参与，富有团队协作精神，无缺席、迟到现象。 2. 准备充分，调查工作扎实，运用数据恰当，市场分析准确。 3. 营销策划有明显创意，所提营销策略切合项目实际，方案可操作性强。 4. 无明显语病，错别字不超过 3 个，字数符合规定要求，排版符合格式。	
良好	1. 态度端正，积极参与，有团队合作意识，无缺席现象。 2. 准备充分，调查工作扎实，运用数据恰当，市场分析较准确。 3. 营销策划有一定创意，所提营销策略基本符合项目实际，方案具有可操作性。 4. 方案语病、错别字不超过 5 处，字数与规定要求相差不超过 300 字，排版格式错误不超过 3 个。	

（续上表）

等级	评价标准	成绩
及格	1. 态度端正，能按要求参加训练，有集体观念，缺席不超过1人。 2. 事前有准备，能基本按要求完成相关调查，收集相关资料，市场分析基本符合实际。 3. 策划书所提营销策略基本符合项目实际，方案具有一定可行性。 4. 方案语病、错别字不超过10处，字数与规定要求相差不超过500字，排版格式错误不超过5个。	
不及格	1. 态度不端正，参与积极性不高，缺席达2人次，或有迟到、早退达3人次。 2. 事前准备不足，调查不认真，所提营销策略无特色，与被策划对象联系不紧密。 3. 方案语病、错别字超过10处，字数与规定要求相差超过500字，排版格式错误超过5个。	

（考核时间：201　年　月　日）

七、知识点拨

（一）对营销策划的理解

营销策划，是在对企业内部环境予以准确的分析，并有效运用经营资源的基础上，对一定时间内的企业营销活动的行为方针、目标、战略以及实施方案与具体措施进行设计和计划。

一方面，营销策划必须以可靠的市场调查为依据，离开了对企业内外环境的调研和分析，所谓的营销策划只不过是自欺欺人罢了；另一方面，营销策划又必须具有创意，不可人云亦云，更不可生搬硬套。可以毫不夸张地说，创意就是营销策划的生命。同时，营销策划还具有鲜明的操作性。如果营销策划听起来很美，可是脱离企业实际无法实施，那么这样的营销策划最终也只能是一纸空文，没有生命力可言。

（二）营销策划的基本步骤

营销策划包括六个步骤：情景分析、目标、战略、战术、预算和控制。

1. 情景分析：企业首先要明确所处环境的各种宏观力量（经济、政治/法律、社会/文化、技术）和 局内人——企业、竞争者、分销商和供应商。企业可以进行 SWOT 分析（优势 Strengths、劣势 Weaknesses、机会 Opportunities、威胁 Threats）。

2. 目标：对于情景分析中确认的那些最好的机会，企业要对其进行排序，然后由此出发，定义目标市场、设立目标和完成时间表。企业还需要为利益相关者、企业的声誉、技术等有关方面设立目标。

3. 战略：任何目标都有许多达成途径，战略的任务就是选择最有效的行动方式来完成目标。

4. 战术：战略充分展开成细节，包括4P 和各部门人员的时间表和任务。

5. 预算：企业为达到其目标所计划的行为和活动需要的成本。

6. 控制：企业必须设立检查时间和措施，及时发现计划完成情况。如果计划进度滞后，企业必须更正目标、战略或者各种行为来纠正这种局面。

（三）营销策划书的编写原则

1. 逻辑思维原则。
2. 简洁朴实原则。
3. 可操作原则。
4. 创意新颖原则。

（四）营销策划书的写作技巧

1. 前言的撰写最好采用概括力强的方法，如采用流程图或系统图等。
2. 在书写之前，可借助树形图，描出策划书的总体框架。
3. 巧妙利用各种图表。
4. 策划书的体系要井然有序，局部也可以用比较轻松的方式来表述。
5. 在策划书的各部分之间要做到承上启下。
6. 注意版面的吸引力。

（五）策划书的基本格式

1. 封面。

呈报对象，文件种类，策划名称（策划主题和副标题），策划者姓名及简介（小组名称、成员名称：单位、职称和姓名），策划制作年、月、日，编号及总页数。

2. 目录。

3. 策划目的（前言）。

4. 内容的简要说明（策划摘要）。

5. 策划内容的详细说明。

策划的背景、动机、环境分析、目标、营销策略等。

（策划书内容的正文部分，表现方式为简单明了，使人一看就容易理解。形式：文字、照片、图片、统计图或表等）。

6. 策划费用预算。

7. 策划实施时的步骤说明以及计划书（时间、人员、操作等的计划表）。

8. 策划的预期效果（使用资源、预期效果以及风险评估）。

9. 对本策划问题症结的想法。

10. 可供参考的策划案、文献、案例等。

11. 如果有第二、第三备选方案时，列出其概要。

12. 实施中应注意的事项。

注意：当项目相对简单时，有 1 ~ 6 项就可以了。如果为了实施简便起见，把第 7 项和第 8 项加进去更好。如果要更详细地说明时，9 ~ 12 项也有必要加进去。

（六）任务策划书的格式要求

1. 基本要求

（1）营销策划书由标题、署名、摘要、正文、注释组成。正文不少于 3 000字。

（2）标题：要尽量做到简短、直接贴切、凝练、醒目和新颖，不超过 15 个字。

（3）摘要：应简明扼要地概括文章的主要内容，一般不超过 800 字。

（4）注释：是对需要解释的词句加以说明，或是对营销策划案中引用的词句、观点注明来源出处。注释一律采用尾注的方式（即在营销策划案的末尾加注释）。

2. 排版与打印要求

打印统一用 A4（210 × 297mm）标准、一律采用单面打印；页边距按以下标准设置：上边距（天头）为 30mm，下边距（地脚）为 25mm，左边距和右边距为 25mm；装订线 0mm；不设页眉与页脚。页码编写方法为：第 × 页，居中，打印字号为小五号宋体。

策划书标题用二号黑体字，段前段后各一行。正文字体为小四号宋体，字间距设置为标准字间距，行间距设置为 20 磅。

标题层次采用“一、（一）、1. （1）”形式，一般不超过四个层次。

参考文献用三号楷体，居中，下空一行。内容用小四号楷体。顺序为：序号

“1.”、书名、作者、出版社、日期、版次。所有文献按照先中文后英文和出版先后的顺序排列。其他按常规格式操作。

八、实例参考

华强“彩韵”牌学生床上用品——让你过上彩色的健康生活

床上用品作为纺织行业的重要组成部分，在市场需求规模和层次上也将有较大的提高，将成为纺织行业的一个新的经济增长点和市场竞争的新焦点。

本文总结了广东华强制衣实业有限公司旗下的“彩韵”牌学生放心棉床上用品的市场发展情况，通过定性与定量相结合的分析方法和充分的论述，从多个角度揭示了“彩韵”牌学生放心棉床上用品的市场结构与供需关系特点，以及其在细分市场上的竞争格局，并对其市场竞争力进行了综合评估。旨在通过分析论述，让企业更好地认识“自己”，以便做到扬长避短，在激烈的市场竞争中利用自身优势，以优势弥补劣势，抓住市场机会，解决威胁，使企业走得更长远，市场更广阔。

广东华强工业园是十多年来专业生产“彩韵”牌学生放心棉床上用品系列以及“华强”牌学生装、制服、运动服的现代化管理企业。企业设备先进，技术力量雄厚，员工素质良好，具有较强的设计能力和大规模的生产能力，现拥有日本、德国先进的缝制设备400多台，员工500多名，有宽敞明亮星级标准的员工宿舍楼6 000多平方米，星级标准的厂房总面积16 000多平方米，年产量达到180万件套。

该企业坚持“以人为本、科学管理、服务社会”的宗旨，按照“五满意”目标组织生产，是广东省教育厅、广东省质监局发文指定的放心棉学生床上用品生产厂；是中国质检总局向全国公告的质量保证、审核认定的生产厂。

该企业生产的“彩韵”牌学生放心棉床上用品从采购、质检、生产、加工、整理、灭菌、质检、包装、定价到销售、服务都演绎着该企业深厚的爱心文化，以其功能齐全、保暖度高、环保开通了一条绿色营销通道，赢得学校师生和家长的好评。

（一）了解市场，确定目标

1. 市场分析

纺织品行业按其终端用途可划分为三个产业，即服装用纺织品业、产业用纺织品业和家用纺织品业，床上用品行业是家纺的其中一个子行业。床上用品是家纺的重要组成部分，占据家纺行业第一位，产值占中国家纺业1/3以上，2004年产值达到1 000亿人民币；2006年产值在2 500亿元左右。

中国拥有全球最大的消费人群，而且目前国人对家纺产品的消费观念也正在逐步变化，随着我国企业的设计和技术水平逐步提高，家纺市场巨大的消费潜能将被释放出来，未来几年，中国家纺市场预计将净增加2 000亿～3 000亿元。作为纺织业三大最终产品领域之一的家用纺织品，自2000年以来取得了突飞猛进的发展，年均增长速度超过20%。2002年中国家纺行业的产值约3 000亿元人民币，2003年上升至3 630亿元。2004年的数据则高达4 356亿元。2005年，中国的家纺行业产值达到5 450亿人民币，比2004年的家纺产值增长了21%。由中国家用纺织品行业协会公布的数据显示，2006年，我国全社会家纺行业产值约为6 540亿元，与2005年相比增长了20%。2008年1—8月家纺产品出口145.7亿美元，同比增长19.66%；进口7.62亿美元，同比增长5.31%。2008年1—8月，家纺产品出口的特征是价值量的增长明显高于数量的增长，价值量增长高于数量增长的产品出口金额为131.05亿美元，占总出口金额的90%。

据中国家纺行业协会调查，中国家用纺织品市场还有巨大的发展空间，根据发达国家的纺织品消费量计算，服装、家用、产业用纺织品各占1/3，而我国的比例为65∶23∶12；按照多数发达国家的标准，衣着消费与家用纺织品消费支出应基本持平，而只要家用纺织品人均消费每增加一个百分点，中国年需求金额就可增加300多亿元。随着人们物质生活水平的提高，现代家纺行业将有更大的发展空间。

2. 选定目标市场

床上用品有很多消费领域，因此形成了不同的市场，消费群体也就不同，比如家庭、学校、酒店旅馆等。广东华强制衣实业有限公司旗下的“彩韵”牌学生放心棉床上用品主要占领的是珠三角地区的学校市场。其中小学、中学、中专技校占了将近70%的市场份额，因为这一个市场大部分都是学校统一采购学生宿舍的床上用品，统一的床上用品，统一的校服，有利于培养学生的集体意识和不攀比的好风气。

3. 广阔的市场空间

自从国家实行“科教兴国”的国策以来，教育越来越受到重视，学校是培养人才的地方，每年的学生人数都在增加，教育部教育发展研究中心副主任周满生在“2006独立学院创新与发展论坛”上公布了教育部门最新统计的2000—2005年各级教育阶段在校生人数。数据显示，从2000年到2005年，高等教育阶段在校生人数一路攀升：从1 230万人，增长到1 300万人、1 500万人、1 900万人和2 000万人，至2005年增长到2 300万人。到2010年，中国大学生人数达到3 000万，中国大学生所代表的市场潜力也将变得越来越大。珠三角地区近年来的经济发展以及自身独有的地理优势吸引了很多人到珠三角地区读书，有数据表明，广州大学生的在校人数将近100万，加上小学、中学、中专技校的在校人数，学生床上用品市场有多广阔可想而知。虽然在前几年，教育部、国家发展和改革委员会、财政部联合印发了《关于做好2005年高等学校收费工作有关问题的通知》，指出学生床上用品和日用品由学生自主采购，不得统一配备，但近年来，一些不法厂商不顾学生的健康，把黑心棉卖进学校。近期，广东省质监局对生产加工企业生产并供应高、中等院校学生使用的絮用纤维制品进行了专项监督抽查，抽样合格率78.8%。黑心棉的无孔不入，很多学校和教育部门更是草木皆兵。在有关部门和社会的强烈呼吁下，国家质检总局、教育部联合下发了《关于加强高校学生公寓床上用品质量监督管理工作的通知》，高校床上用品集团购买又重回校园，因此，床上用品有了新的增长需求，在此情形下，广东华强制衣实业有限公司旗下的“彩韵”牌学生放心棉床上用品有着广阔的市场前景。

4. 竞争品牌及产品分析

广东华强制衣实业有限公司是广东省教育厅、广东省质检局发文指定的放心棉学生床上用品生产厂，中国质检总局向全国公告的质量保证能力、审核认定的生产厂。其生产的“彩韵”牌学生放心棉床上用品凭其优秀的产品质量深得消费者的好评，在广州的本土学校市场内，还没有遇到实力很雄厚的竞争对手，遇到的主要问题是一些假冒伪劣产品的竞争，现将“彩韵”牌学生放心棉床上用品中的棉胎制作工序与一般的棉胎作一下对比。

	“彩韵”牌棉胎	一般棉胎
原料	新疆一级棉花	二级或以下
铺法	手工铺	机械铺
形态	中间厚两边薄	平整
绠纱	五层纱	三层纱
锁针	32针	无
磨棉	手工+机器	机器
保暖度	高	低

（二）进入市场，了解消费者

1. 消费者购买需求分析

床上用品是人们生活中不可缺少的日常用品，对于出外求学的学生来说，由于路途遥远或者是入学报到携带的物件太多，为了方便，大部分都喜欢到学校购买床上用品。加之有的学校为了学生的安全健康，明文规定学校统一床上用品，学生不能自带。全套床上用品也免去了学生自己搭配的麻烦。

2. 消费者的反馈意见

消费者在使用床上用品之后，发现了很多问题，主要有以下五个方面：

一是床上用品的成分实际含量与标明的不相符或没有标明含量。产品的成分含量是消费者购买产品的主要参考依据，也是国家强制性标准规定的内容。

二是部分产品水洗率和染色牢度不合格，在使用中会产生缩水及掉色问题。

三是甲醛含量超标。甲醛广泛应用于各种纺织整理助剂中，因此纺织品或多或少地会残留甲醛。

四是PH值超标。国家要求小于或等于7.5的标准，过高的PH值会对皮肤产生刺激和腐蚀作用，引发皮肤炎症，对人体的汗腺系统以及神经系统都会造成损害。特别是儿童和婴儿，长期使用PH值超标的纺织品将使他们的皮肤受到一定的伤害。

五是保暖性能差，产品布面不匀、质地稀疏、花纹紊乱、缝纫粗糙、易破裂等。

3. 目标客户的消费流程和消费心理分析

（1）目标客户的消费流程。

一般情况下，消费者购买决策过程分为五个阶段，即确认需求；收集信息；判定选择；决定购买；购后评价。“彩韵”牌学生放心棉床上用品的目标客户主要是学生，现就这一目标客户进行分析：

对于学生自主选择购买的有以下流程：

首先，学生有购买床上用品的需求，一般都是为了御寒；有了这个需求之后便会通过各种途径（主要是推销员、同学介绍、父母意见）进行寻找和分析满足自己需求的床上用品，其中包括其质量、价格、品牌、规格等；收集信息之后，在床上用品的卖场进行现场比较，根据收集的信息和自己内心的期望，选择自己心目中的商品，在此期间，学生还可能受各种因素的影响而改变或放弃其购买决策，其中很重要的因素就是销售人员的服务态度。最后，学生会对其所购商品进行满意度评价，性价比评价。而对于学校统一安排配送的学生，其购买流程就简单得多，甚至可以省略。

（2）目标客户的消费心理分析。

床上用品作为伴随每个人一整夜的直接接触皮肤的生活必需品，其选购更须慎重。随着生活水平的提高与消费观念的逐渐改变，床上用品的购买需求呈以下发展趋势：

①床上用品崇尚自然，个性化。

色彩淡雅、布质优良、款式新颖、图案高雅，兼备艺术欣赏和实用功能的产品前景广阔。

②追求保健床上用品。

目前，人们对床上用品的需求开始由保暖型向保健型转变。一些具有远见的生产厂家和敏感的商家，近年已经连续推出保健型床上系列用品，如被子、枕头、床单、被褥等。

③消费者青睐带有绿色标志的床上用品。

健康型消费是纺织品消费新时代的另一个主要特征。“绿色服装”、“绿色床上用品”等已成为纺织品消费的主流，有关纺织品上某些生态毒性物质可能对人体健康和环境造成危害的问题已经引起消费者的普遍关注，所以带有绿色标志的产品日益博得消费者青睐。绿色标志还成为进入国际市场的通行证。

④追求高科技床上用品。

现代科技的应用，带来家纺行业的革命：家纺用品的保健功能；高科技质料让织物经反复洗涤后保持良好的恢复能力和抗菌能力；赋予床上用品耐污、透气、排汗、速干、抗菌、防蚊、抗紫外线、耐热、防皱、抗静电性能等。据现今的发展趋势估计，全世界高科技家用纺织品市场规模将由2000年500亿美元增至2010年750亿美元。

⑤健康卫生成为床上用品的新追求。

据商家反映，人们选购床上用品的观念已渐渐发生改变，选购床上用品从原来的只注重款式和舒适，转变为注重健康、卫生。一份医学报告指出，睡眠与人体健康息息相关。枕头、被褥、床褥是细菌和尘螨滋生的温床，枕头用上6年便含有10%的霉菌，是健康睡眠的大敌。

⑥床上用品追求时尚化。

床上用品将形成一种独特的室内文化。目前城市居民已开始将床上用品、窗帘、餐桌布、毛巾、布艺家具甚至手帕这类各自独立的消费品，看成室内软装饰的整体。在色彩、图案及功能上趋同一款，呈现配套化的趋向，从而使风格、色彩在家居中独具一种“时装”的感觉。总之床上用品的科学化、功能性进一步加强，床上用被、褥的透气、防潮、舒适，已成为消费者追求的热点，而且，在寝具及家庭用布上讲究四季分明，随季而动，已成现今消费风格。

针对学校和学生这一目标客户，购买床上用品主要注重价格，色彩淡雅，布质优良，款式新颖，图案高雅，健康卫生，使用方便，功能齐全（如空调被、夏凉被等），其中价格是一个很重要的考虑因素。

（三）深入市场，产品定位

1. 明确的产品定位

广东华强制衣实业有限公司通过参加及赞助各种教育部门所举办的活动以及论坛或者协办其开展其他相关活动，从中寻找和开拓自己的目标市场。

广东华强所生产的“彩韵”牌学生床上用品把目标市场定位于高端市场，希望通过高端市场占领同行业的市场份额。该公司生产的“彩韵”牌学生床上用品都是销售到省一级的品牌学校（如华师附中、广东省高级实验中学、深圳市高级中学等）。到现在，华强制衣实业有限公司已经成功占领70%的高端市场，成为广东首屈一指的制衣有限公司。

广东华强之所以会把“彩韵”牌学生床上用品的目标市场定位于高端市场是由于：第一，采用的棉花全是由新疆运过来的一级品，绝无掺杂“黑心棉”；第二，运用的技术还有设计都是专门为学生量身定做的，希望的是学生可以感受到温暖和健康；第三，凭着“责任”二字，诚信经营，树立自己的品牌特色。

2. 产品差异化特征

作为一间现代化管理的企业，广东华强运用先进的设备、雄厚的力量，再加上素质精良的员工，大规模生产设计出独特的产品，务求满足消费者的需求。

在现在这个市场上，“黑心棉”充斥市场，许多家长都担心“黑心棉”危害到自己孩子的身体健康，迫切希望能有一种产品可以解决此种问题，华强“彩韵”牌学生床上用品就是因此应运而生的。

华强“彩韵”牌学生床上用品具有以下五个特点：

（1）纯棉环保。

首先，“彩韵”牌棉被褥采用新疆一级棉花生产，纤维长度好，保暖性能好。采用机器与人工相结合的方式生产，棉被中间厚两边薄，能够提高一倍的保暖度。这样，目标客户（家长和学生）就不必担心产品的质量问题，可以放心使用。

其次，被套、褥套、枕套均采用133×72mm纯精棉纱精制而成，使用舒适、耐用，可使用8年以上时间，采用高质量的材料来增加使用寿命，减少目标客户所花费的成本。

再次，染料采用活性环保染料染整，能有效保护学生身心健康。产品使用的化学物质对学生的身体不造成危害，让学生和家长可以放心购买。

（2）功能齐全。

“彩韵”牌学生床上用品可根据季节温度变化，多功能组合，使用效果最佳，组合搭配最经济、最合理。夏季可使用被套，春秋季可使用春秋被，初冬可将春秋被芯取出放进4斤一级棉胎而使用，深冬时再把春秋被芯放进被套与棉胎合用保暖，组合合理，方便使用。

（3）健康安全。

“彩韵”牌学生放心棉被套的组合保暖度高，压迫感轻，能减轻学生心脏的压迫感，确保学生的身心健康。该被褥的设计厚度最合理，能够有效保护学生的骨骼成长，不会产生弯曲。因为垫褥太厚容易使学生骨骼产生弯曲。

（4）使用方便。

因为生产企业考虑到学生报到时当天晚上就要使用，学生家长当天来不及清洗被套、枕套、垫套。所以为了方便学生也让家长放心，华强企业已将被套、枕套、垫套全部在包装前清洗干净，并高温整烫。确保学生使用安全、卫生、洁净、舒适。

（5）促进健康。

华强设计采用的定型枕芯能够有效保护颈椎，同时放了熏衣草和香茅草，能够有效促进睡眠和驱蚊。对正在生长发育的学生来说起到了很好的保护作用，家长买得放心，学生用得安心。而且，华强还获得了由中国质量信用中心颁发的“AAA级中国质量信用企业”的证书、美国ORI奥瑞认证中心颁发的“质量管理体系认证证书”、“中国品牌建设十大杰出企业”、“中国服装行业十大影响力品牌”等多种认定，还受到了广东省领导的高度赞赏。

3. 给消费者一个非买不可的理由

广东华强企业坚持“以人为本、科学管理、服务社会”的宗旨，按照“五满意”，即消费者（用户）满意、社会满意、学校（合作方）满意、员工满意、企业满意，产品深受广大用户和消费者的喜爱。

在同行业中，广东华强企业所生产的“彩韵”牌学生床上用品之所以会在其中突围而出主要有以下三个方面原因：

（1）用料顶级，精心设计。

一般床上用品生产厂所生产的棉被褥都为了减少成本而采用涤纶，但是涤纶对人体的危害很大，纤维长度只有17mm（国家规定床上用品的此种产品纤维长度不能低于15mm），而尺寸一般为120cm×190cm；部队的床上用品采用的是二级棉花，纤维长度为28mm。但是，广东华强企业采用的却是新疆“131”棉花，即一级棉花和纤维长度为31mm（最高级），被套纯精棉，纱又密又细，用品尺寸特制为150cm×210cm。

（2）技术先进，“舍快求慢、舍简求繁”。

一般的床上用品生产厂是用机器生产产品，表面平整，保暖作用不大，生产完后没有清洗棉被就直接装袋，一般企业固定棉花时只用了3层纱，棉被用久以后会松散。而广东华强企业则是用手工生产产品，表面为橄榄形，运用物理效应达到了更保暖的作用；再者，棉被被褥生产完以后，华强还会清洗棉被以达到洗掉灰尘的效果，烘干熨压，这样就洗掉了上面对皮肤有害的化学物质，购买后可以减少清洗的程序，立刻使用；在固定棉花时特意用了5层纱，还用了32针锁定棉被。

（3）高级认证，口碑良好。

广东华强企业是广东省公安厅内部保安服定点生产厂；广州市白云区教育局、越秀区教育局、番禺区教育局、萝岗区教育局、南宁市教育局、长春市教育局经公开招标选定的学生装专业生产厂；广东省教育厅、广东省质监局学生床上用品发文指定生产厂；中国质检总局向全国公告的质量保证能力、审核认定厂。此外，“华强”牌系列产品荣获“中国公认名牌产品”称号，“华强”牌产品连续三年获得国家金奖，获得最畅销国产商品金桥奖；获得“为中国职业装事业发展做出杰出贡献的企业”光荣称号；第十三届亚运会、第二十七届奥运会中国体育代表团参赛选用产品；中国服装行业十大影响力品牌、中国品牌建设十大杰出企业、中国质量信用AAA级企业、ISO9001：2000国际质量体系认证企业。

（四）洞悉市场，制定策略

1. 产品策略

广东华强制衣实业有限公司是十多年来专业生产“华强”牌学生装、制服、运动服以及“彩韵”牌学生床上用品系列为主的现代化管理企业，其产品是围绕着消费者、社会责任、企业良心来生产和销售的，秉承着“产品就是人品，品质就是品德，品牌就是品格”的信念，生产出切切实实为社会认可，消费者满意的产品，其产品策略体现在以下三点：

（1）产品“三高”策略。

①高于国家标准生产，华强“彩韵”牌棉被是采用新疆一级棉来生产，高于国家规定的五级棉生产的标准，高标准铸就高品质，杜绝黑心棉的产品出现。

②高于行业生产标准，在行业中学生用棉被的规格是130cm×190cm，而华强的标准却是150cm×200cm，这就是华强的标准，在竞争中就是区别的优势。

③高度社会责任感，产品宣扬爱心文化，产品环保，按绿色营销方式进行生产、销售和服务。体现出产品的健康和对社会的高度责任感。

（2）产品“为人着想”策略。

华强开发出“彩韵”牌多功能放心棉学生床上用品，设计的“为人着想”理念体现在产品的技术设计、产品的便利性、产品的舒适性上。

①产品的技术设计——针对性强的人性化设计。

华强的“彩韵”牌多功能放心棉在技术上是采用机器与人工相结合的生产方式，机器可以克服人工生产速度慢的缺点，而人工又可以克服机器生产过快，造成棉胎中间扁平，无法提升保暖度的缺点。

而在设计上，华强的“彩韵”牌放心棉是中间厚两边薄，这样能够提高棉被一倍的保暖度。区别同行平扁直铺的设计。

②产品的舒适性——更贴心，注重感觉。

华强“彩韵”牌放心棉是采用新疆一级棉花，纤维长度达到31mm，保暖性能好，柔软度好，接触皮肤更舒适。

③产品的便利性。

功能齐全，“彩韵”牌放心棉学生床上用品可根据季节温度变化，多功能组合，使用效果最佳，组合搭配最经济、最合理。夏季可使用被套，春秋季可使用春秋被，初冬可将春秋被芯取出放进4斤一级棉胎而使用，深冬时再把春秋被芯放进被套与棉胎合用保暖，组合合理，方便使用。

使用方便，“彩韵”牌学生放心棉床上用品充分考虑学生使用上的困难，因为学生报到时当天晚上就要使用，学生家长当天来不及清洗被套、枕套、垫套。所以为了方便学生也让家长放心，华强企业已将被套、枕套、垫套全部在包装前清洗干净，并高温整烫。确保学生使用安全、卫生、洁净、舒适。

（3）产品的健康环保策略。

①纯棉环保。

华强的“彩韵”牌棉被褥采用新疆一级棉花生产，纤维长度长，保暖性能好；被套、褥套、枕套采用133mm × 72mm 纯精棉纱精制而成，使用舒适、耐用，可使用8年以上时间；染料采用活性环保染料染整，能有效保护学生身心健康。

②健康安全。

“彩韵”牌学生放心棉被套的组合保暖度高，压迫感轻，能减轻学生心脏的压迫感，确保学生的身心健康。该被褥的设计厚度最合理，能够有效保护学生的骨骼成长，不会产生弯曲。

2. 定价策略

“爱心文化”是华强产品在一生产就赋予的，一个本着“把困难留给自己，将方便让给对方”的企业，一个有着高度社会责任感的企业，一个具有良心的企业，在产品的定价策略上同行是不会这样做，也不敢这样做的。

(1) 增本减利。

增本减利虽被同行笑“傻”，却是企业的立足之本。把纯棉被套枕套垫套生产好之后一般企业都不会把它拿去洗的，因为每一床洗水之后布料自然要缩水60~70公分，要增加8元的布料成本，还要烘干再增加2元多的成本。每份床品就要增加10元钱的成本，并且还没那么好看。如果不洗也是合格的，而且价格已定，但是华强考虑的是学生当天报到当天就要使用来不及清洗，且学生购买产品的经济实惠性。因为华强所需要的是学生用得最环保、最洁净、最舒适，最合适学生的价格，所以宁愿增本减利。

(2) 以销定产。

以销定产可减少成本损失，平衡企业利益。华强根据订单的多少来决定生产多少产品，减少库存量，降低产品的积压，从而减少生产的成本，赢得利润的空间，平衡企业利益。

(3) 量销。

华强异于同行的定价策略，体现出处处为学生着想，赢得口碑，产品赋予的精神品质，赢得销量，从而赢得企业的生存之本。

学生价格定位，产品的品格就是公司的品格的体现，高质低价，“以销定产”，“量销”都是基于“增本减利”的举动，感动了社会，感动了消费者，所以赢得口碑，赢得社会的认可，消费者的肯定，从而赢得企业生存之本。

3. 分销策略

华强的目标顾客群是非常明确的——学生，因此，在分销渠道上的选择也是很具有战略性的。

(1)“擒贼先擒王”策略——紧抓住源头，赢得先机。

华强通过抓住消费群体（学生）的管理源头，即直接通过赞助或参加教育部门创建的各种活动、论坛等，以此成为广州市白云区教育局、越秀区教育局、番禺区教育局、萝岗区教育局、南宁市教育局、长春市教育局经公开招标选定的学生装专业生产厂商；同时也是广东省教育厅、广东省质检局学生床上用品发文指定生产厂商。因此，成为企业一个特色的销售渠道，从而实现企业的销售。

(2)“次级源头”策略——关注学校招生广告，直接与学校联系。

华强对每年新学校的创建，新招生广告的出现十分关注，以此，打破原有固定合作学校的局限，给企业创造灵活多变的销售模式，紧紧抓住新学校，新生消费群体的需要，来实现企业多销的策略。

(3)“口碑营销”策略——老客户，连锁介绍，扩充销售网络。

良好的企业文化，高品质的产品精神，社会、消费者认可的企业，为企业带来一批批华强的忠实客户，随之口碑也越来越响，正是因为这样，华强通过口碑的连锁介绍的用户占总客户的30%，充分扩充其销售网络。

4. 促销策略

华强企业的灵魂是爱心文化，因此，华强通过宣传其企业文化，以达到精神传播带动物质产品的销售。

（1）公共关系宣传——将爱心带到需要帮助的地方。

①2008年“5·12”汶川大地震，华强捐出10 000多套棉被，支持抗震救灾工作。

②汶川大地震一周年，华强共捐出3 350套棉被和校服给北川中学。

③给广西博白、百色贫困地区的学校捐助了棉被和校服。

④将爱心文化带到有需要的地方，更赋予产品的内涵，从而实现企业由精神向现实产品的过渡，提升品牌的价值。

（2）巩固客户——将爱心落实到需要帮助的个人。

凡是与华强是合作关系的学校，华强都会免费给学校的特困生提供校服和床上用品，直至学生毕业，这样不仅得到学生和学校的赞赏，而且牢牢抓住现有的客户，提高了客户的忠诚度。

（3）媒体宣传——财经故事，间接为企业做广告。

由于华强的经营理念，口碑为社会所认可，令消费者满意，所以，吸引到南方电视台的“经贸万花筒”节目的采访，充分介绍华强的精神、企业文化、生产理念，间接地为华强做了广告宣传。

（五）分析市场，成效评估

项目的实施情况与成效评估是整个策划过程中非常重要的一部分，因此，我们小组对这一块的整理策划也是相当的重视，但由于华强企业本身产品过多，我们小组就选取了“彩韵”多功能放心棉学生床上用品为主要分析产品，通过各种不同的调查方式，认真搜集整理了各种资料，对这一产品上市后对华强企业市场占有率的提升，企业形象或品牌声誉的影响，产品销售业绩，给公司带来的回报，还有就是目标客户、消费者的购买行为，忠诚度的程度大小，做出了比较科学的、系统的分析总结。

1. 销售业绩

对于销售业绩的评估，我们小组考虑到以下因素：

第一，华强企业现有资源的分配情况，如对“彩韵”产品投入的多少，成本的预算；

第二，厂房的规模大小，设备的运转程度，出货率高低；

第三，客户订单率；

第四，目标市场分布区域，其消费者平均购买水平。

综合以上因素，我们小组评估“彩韵”多功能放心棉学生床上用品在今年上半年的销售业绩是600万人民币以上。

2. 市场占有率的提升

说到“彩韵”产品的市场占有率，我们就必须清楚，“彩韵”产品是定位于高端市场，也就是比较有名气的中学、技校，如华师附中、广东省高级实验中学、深圳市高级中学等，而且目标市场主要是分布在珠三角一带，而在这一竞争的市场中，华强可谓是“大哥”级人物，依靠着自己扎实的基础、雄厚的资金，在这个高端的市场上市场占有率达到了70%。

而且，从公司现在的发展状况来看，这个市场占有率的再一次提升也不是不可能的事情，这无论是从企业高层持有的那种高度负责的精神、认真的态度、员工积极勤奋的行为，还是从企业现有的资源条件来说，“彩韵”牌产品的市场占有率都会进一步的提升。

3. 企业形象或品牌声誉的影响

“彩韵”牌多功能放心棉学生床上用品，是华强旗下的一个品牌而已，问世也不过几年的时间，但它依赖着华强企业先前所打下的基础，企业所坚持“以人为本、科学管理、服务社会”的宗旨，凭借过硬的产品质量，和对学生的高度负责精神，逐渐打出属于自己的品牌，塑造了在学生心目中的完美品牌声誉。

好的品牌声誉，源于良好的企业形象，就是因为有企业为学生健康认真负责的态度，才有“彩韵”在市场上获得的良好口碑和声誉，而且在华强人不断的勤奋努力下，产品精益求精，我们有理由相信，“彩韵”的品牌形象之路会走得更好！

4. 利益回报

有好的产品，有好的企业形象，还有好的品牌声誉，当这些结合在一起的时候就会给企业带来丰厚的利益回报。下面分别从定性和定量两方面来分析产品上市后给公司带来的回报。

（1）定性分析。

首先，完善了的华强工业园，让企业获得了更多的有效资源。

其次，给企业带来了荣誉：获“中国公认名牌产品”称号；连续三年获得国家金奖；获得最畅销国产商品金桥奖；获得“为中国职业装事业发展做出杰出贡献的企业”光荣称号。第十三届亚运会、第二十七届奥运会中国体育代表团参赛选用产品。中国服装行业十大影响力品牌，中国品牌建设十大杰出企业；中国质量信用AAA级企业；ISO9001：2000国际质量体系认证企业，这些荣誉给企业带来的更多无形的资产。

再次，提高了企业形象和品牌的声誉。

最后，稳定的订单量，稳定的客户源，这就稳定了企业的生存发展，从而给企业带来的是更多的发展空间。

(2) 定量分析。

第一，最为明显的是2009年上半年度给企业带来了600万元以上的销售额；

第二，在学生床上用品高端市场上，市场占有率达到了70%以上；

第三，越来越多经销商的建立，壮大了企业的发展。

5. 消费者购买行为分析

(1)“放心棉被”换来的好口碑。

为了方便学生到学校报到当晚就可以使用，也为了让家长放心，“彩韵”牌产品至上市以来，在产品包装出厂之前就将被套、枕套、垫套全部清洗、晒干、除尘，并且经过高温整烫，也就是学生报告当天晚上就可以使用“彩韵”牌的产品。以一切为了学生使用的安全、卫生、洁净、舒适为出发点，高度的社会责任感，使“彩韵”牌产品在消费者中建立了良好的口碑，消费者也开始信任“彩韵”这个品牌。

(2) 实际行动，换来忠诚客户。

华强企业以“五满意”作为目标组织生产，“五满意”也就是“用户满意；社会满意；合作方满意；员工满意；企业满意”。从这里可以看出华强对客户的重视，把“用户满意”摆在“五满意”之首，这也体现了华强的经营理念“留给自己是困难，让给对方是方便”。也正因为如此，用这种理念去感染消费者，换取他们的忠诚。

这里我们举一个例子来说明：在一次产品展销演示中，华强的“彩韵”与其他的同类产品进行产品展销演示，评委由一百来位学生家长组成，在一番展示演讲之后，由评委进行投票，而结果是那么的令人欣慰，基本上是100%投给了华强，投给了“彩韵”。

从这个例子就可以看出，消费者对“彩韵”有着很高的忠诚度。

(3) 连锁反应，带来新客户。

一个人，其关系网可以达到250个人，这是著名推销大师乔·杰拉德的著名理论，而华强人深知这个理论。

在做足市场，满足消费者，引导消费者走向忠诚的情况之下，忠诚的客户也为华强企业带来了新的客户、新的商机。

（六）争夺市场，设计竞争战略

1. 切入市场的战略

广东华强通过参加以及赞助教育部举办的活动来寻找合作方切入高端市场，而不通过在商场、超市设立销售点销售。这是因为华强所生产的“彩韵”牌床上用品主要是针对学生的健康，希望他们可以在成长发育、学习生活的过程中得到关心和照顾。

华强之所以本着此种方式切入市场，是因为华强董事长陈进辉先生深信“爱心文化”可以为华强带来最大的效益。爱心文化就是奉献爱心，让客户永远满意；担负责任，为和谐社会增彩；五立：立志，华强企业确立消费者最大满意度的目标，即五满意目标；立德，华强企业确立社会价值高于企业价值，共同价值高于个人价值的价值观。用爱心融入整个计划采购，生产定价，销售，服务的过程，这叫“绿色营销”；立言，华强企业的诚信精神；立规，就是建立像军队一样纪律严明的经营管理机制和质量管理制度；立行，就是形成对内“好做人”的良好行为风范和对外“做好人”的友好合作氛围。

2. 建立竞争优势

在同行业的激烈竞争中，广东华强企业本身所具有的竞争优势有以下三点：

（1）经营优势。

人员优势：诚信、敬业、负责、勤奋、高效、优质；

理念优势：把困难留给自己，将方便让给对方；

产品优势：华强产品饱含有深厚的文化内涵，饱含有华强人的爱心，体现着华强人的高度社会责任感。产品环保，按绿色营销方式进行生产、销售和服务。

（2）管理优势。

企业高层领导都具有研究生、本科以上文化背景，有多年的企业生产管理经验。企业领导以及技术骨干都具有大专以上学历，有较丰富的设计、生产、质检、服务等经验。企业基层员工都有较高水平的生产技术。管理优势体现在：职责制度化、传递文件化、指令书面化、行为规范化、操作程序化。

（3）地理优势。

交通优势：地处广州市东郊高速公路出入口处，北往北京，南往深圳，东往汕头，西往佛山和珠三角其他城市，交通极为便利。

环境优势：四面青山，满眼翠绿，空气清新，鸟语花香。园区以欧陆建筑为主格调，品味高雅。

3. 争夺市场

广东华强虽然在广东市场上属于首屈一指的行业，但是还是存在着不少的竞争者。要阻止竞争对手加入竞争，争夺市场，华强应该要做到：

第一，始终坚持“留给自己是困难，让给对方是方便”的经营理念。

第二，发扬本企业“真诚、友好、奋发、创新”的企业精神，坚持做到对购买者负责，提升客户的满意度及满意级别。

第三，继续走“绿色营销、环保生产、诚信经营”的道路，坚持按照“五满意”目标行动。用户满意是永恒的目标，但是应该同时顾及消费者利益和社会生态环境利益。

第四，坚持质量第一。华强必须站在家长和学生的角度思考问题，做到以消费者的需求为中心生产高质量的产品。

第五，传承优质的服务，顶尖的技艺。

（注：本案例为2009年全国高校市场营销大赛优秀作品，由广东农工商职业技术学院选送）

九、实训表格

1. 实训成绩登记表；2. 实训报告（参考格式附后）

附表1：实训成绩登记表

实训成绩登记表

任务名称：营销策划训练　　　　时间：______年____月____日

学号	姓名	实训成绩		
		个人表现	营销策划	总成绩

说明：1. 本项实训任务总成绩计算办法：得两个优秀的小组，总成绩记“优秀”；得一个优秀，且无不及格者，总成绩记“良好”；第一项未得优秀，且第二项为“不及格”者，总成绩记“不及格”；其余总成绩计“及格”。2. 实训项目结束，当场宣布小组及个人成绩。

附表2：实训报告

实训报告

专业：__________ 班级：________ 第__实训小组 日期：201__年____月____日

教师评语				成绩	
				教师签字	
小组名单					
任务编号		任务名称		学时	
使用教材					

一、实训任务

二、实训目的

三、步骤与内容

四、实训总结（主要写收获与不足、感想或建议，字数500字左右）

（注：本表内容多时可另附页）

十、教师训练记录

模块六　营销师考证辅导

6.1　营销师近年考试特点分析

一、训练目的

通过本项目的训练，使学生了解助理营销师近年考试的特点，基本熟悉其考试规律，掌握技能题常见题型的答题方法，增强复习迎考的针对性和有效性，帮助考生提高一次性通过率。

二、训练类型

教师分析，学生讨论

三、学时建议

2 学时

四、训练准备

1. 近三年国家助理营销师考试试题（学生提前复印）。
2. 近年助理营销师考试题统计分析的报告。

五、训练内容

1. 国家营销师考试制度简介。
2. 国家助理营销师近年考试特点分析。
3. 技能题常见题型的答题方法辅导。

六、训练方案

本辅导项目以教师讲解分析为主，学生讨论交流为辅。考虑到本项目的特点，实训成绩考核不以小组为单位，而以各人出勤、课堂表现、实训报告为依据综合评定。

七、知识点拨

◉ 第一环节：教师讲解

（一）营销师考试制度简介

1. 国家对营销师职业是如何定义的？

答：国家劳动和社会保障部职业技能鉴定中心的定义：从事市场调研、市场分析、营销策划、市场开拓、直接销售、客户管理等营销活动的人员。

2. 国家营销师职业资格考试的权威性如何？

答：国家营销师职业资格考试由国家劳动和社会保障部组织，全国统考，国家劳动和社会保障部发证，全国通用（证书实行全国网上统一编号登记管理和网上查询）。

国家营销师职业资格是国家就业准入制度所规定的从事营销管理的人员必须持有的职业资格证书。

3. 国家营销师考试采用什么方式？

答：国家营销师考试分为理论知识考试和专业能力考核。理论知识考试和专业能力考核均采用闭卷笔试或者上机考试等方式。理论知识考试和专业能力考核均实行百分制，成绩皆达60分及以上者为合格。营销师、高级营销师还须进行综合评审。

营销师国家职业资格三级（助理营销师）考试具体分两场，包括职业道德/理论知识和操作技能考试，均为闭卷笔试。

4. 2006年下半年开始营销师考试改革有哪些变化？

从2006年下半年开始，国家职业资格考试统一鉴定营销师资格考试开始实行新的教材和大纲！

教材由原来的李先国编，中国环境出版社出版的《营销师》改为中央广播电视大学出版的新教材。而现行的考试指南为学苑出版社出版。

具体的变化有如下两点：

（1）知识卷题型并没有大的变化，仍然由25道职业道德题（计10分）、60道单选题和40道多选题（计90分）构成；

（2）技能卷题型有一定变化。助理营销师考试由以前的20分案例选择题+60分案例分析题+20分方案策划题变成现在60分方案分析题（3道）+40分情景题（2道）。显然题型更加集中，原20分案例选择题取消，分值加到情景题。

综合评审形式没有发生变化，以一篇营销方面论文作为考核指标。

（二）国家助理营销师近年考试特点分析

国家助理营销师考试近年考点统计

年份	序号	考点分布	题型	分值	备注
2011-05	1	抽样调查方法	案例分析	20	可口可乐调查
	2	销售示范	案例分析	20	马丽推销果汁机
	3	追账的方法（及辅助方法）	案例分析	20	小王追账
	4	销售员招聘（途径、道德）	情景题	20	王经理挖人才
	5	销售员培训	情景题	20	武刚与王港
2010-11	1	推销员素质	案例分析	20	气功激发仪
	2	追账的方法（及辅助方法）	案例分析	20	小王追账
	3	抽样调查方法	案例分析	20	可口可乐调查
	4	销售员培训	情景题	20	武刚与王港
	5	分销商管理（选择、激励）	情景题	20	北京益达公司
2009-05	1	销售示范	案例分析	20	马丽推销果汁机
	2	推销员素质	案例分析	20	气功激发仪
	3	市场调研（途径、方法、问卷）	案例分析	20	与2008年类似
	4	谈判策略（让步）	情景题	20	
	5	销售员培训	情景题	20	武刚与王港

（续上表）

年份	序号	考点分布	题型	分值	备注
2008－05	1	推销员素质	案例分析	20	气功激发仪
	2	追账的方法（及辅助方法）	案例分析	20	向B商场讨债
	3	顾客异议处理	案例分析	20	
	4	谈判策略（让步）	情景题	20	
	5	消费者角色分析	情景题	20	明德银行
2007－05	1	市场调研（抽样方法）	案例分析	20	与2009年类似
	2	推销员素质	案例分析	20	气功激发仪
	3	公关宣传、量本利分析	案例分析	20	
	4	销售员招聘（途径、道德）	情景题	20	王经理挖人才
	5	渠道管理（合同纠纷、合作伙伴的关系）	情景题	20	
2006－05	1	顾客让渡价值、产品整体概念、企业核心业务流程、新产品开发等	案例分析		
	2	广告（主题、定位、效果测定等）	案例分析		
	3	公关（公关的重点公众、与媒体打交道的原则等）	案例分析		
	4	加盟连锁	案例分析		
	5	市场调研	案例分析		
	6	促销、营销特征、工具等	案例分析		
	7	促销激励成本	计算题		
	8	销售效率、效益	计算题		
	9	量、本、利计算分析	计算题		

◉第二环节：学生训练与总结

学生小组讨论，交流体会。

主要交流本次训练后的收获或建议。每人在完成实训报告的基础上，听取几位学生代表实训总结汇报。教师总结。

八、实训表格

实训报告（参考格式附后）

附表：实训报告

实训报告

专业：＿＿＿＿　班级：＿＿＿　第＿实训小组　日期：201＿年＿＿月＿＿日

<table>
<tr><td rowspan="2">教师
评语</td><td colspan="3" rowspan="2"></td><td>成绩</td><td></td></tr>
<tr><td>教师
签字</td><td></td></tr>
<tr><td>小组名单</td><td colspan="5"></td></tr>
<tr><td>任务编号</td><td></td><td>任务名称</td><td></td><td>学时</td><td></td></tr>
<tr><td>使用教材</td><td colspan="5"></td></tr>
<tr><td colspan="6">一、实训任务

二、实训目的

三、步骤与内容

四、实训总结（主要写收获与不足、感想或建议，字数500字左右）</td></tr>
</table>

（注：本表内容多时可另附页）

九、教师训练记录

6.2 营销师考试理论知识串讲与训练

一、训练目的

通过本项目的训练，使学生熟悉助理营销师考试理论知识的主要考点，了解各章节的重点与难点。

二、训练类型

教师分析，模拟考试

三、学时建议

4 学时

四、训练准备

理论知识模拟考试试卷（教师提前制卷分发给学生）

五、训练内容

1. 国家助理营销师考试理论知识考点分析。
2. 理论知识模拟考试。

六、训练方案

1. 教师以考试指定教材为依据，逐章进行知识点串讲，并针对学生疑问进行解答。

2. 学生参加理论知识模拟考试。

3. 学生总结交流。

七、考点分析

第一章　市场营销基本理念

主要知识点

1. 市场的内涵与类型。

2. 市场营销的核心概念，包括基本需求、欲望、产品需求、产品、价值、交换和交易。

3. 市场营销管理的实质与任务。

4. 营销观念。

重点与难点

1. 市场营销的核心概念*。

2. 营销观念。

第二章　市场营销组合

主要知识点

1. 市场营销组合的内容。

2. 产品决策：产品整体概念、产品分类、产品组合概念及策略。

3. 定价决策：定价目标、需求弹性、定价方法。

4. 渠道决策：分销渠道概念、渠道层次、渠道设计的影响因素。

5. 促销决策：促销的四种方式、沟通过程模式、选择促销组合考虑因素。

重点与难点

1. 营销组合的概念。

2. 产品整体概念*。

3. 产品组合*。

4. 渠道设计的影响因素。

5. 选择促销组合考虑因素。

第三章 商务谈判基本知识

主要知识点

1. 商务谈判的成功模式：商务谈判的特征、内容、种类、原则、成功模式。
2. 商务谈判的心理：需求心理、谋略心理、成功心理、群体心理。
3. 商务谈判的思维：谈判的思维艺术和方法、谈判的逻辑思维。
4. 外商的谈判风格：美、德、法、英、俄、日、拉、非。

重点与难点

1. 谈判的成功模式。
2. 谈判的思维艺术和方法＊。

复习提示

谈判策略作为技能考试的一个重点，在本部分省略。

第四章 商务礼仪与营销道德

主要知识点

1. 社交的基本原则。
2. 基本社交礼仪：仪表、寒暄、交谈。
3. 商务谈判礼仪：座次礼仪、握手礼仪、语言礼仪、女性着装礼仪、外国商务礼仪。
4. 营销道德的基本原则与内容。

重点与难点

1. 基本社交礼仪。
2. 商务谈判礼仪。

第五章 市场营销理论的新发展

主要知识点

1. 顾客让渡价值理论。
2. 关系营销。
3. 文化营销。
4. 服务营销。
5. 绿色营销。
6. 全球营销。
7. 电子商务。
8. 客户关系管理。
9. 交叉销售。

10. 数字化整合营销。

重点与难点

1. 顾客让渡价值理论。
2. 客户关系管理。
3. 数字化整合营销："一四二模式。"

复习建议

本章知识作为一般性理解。

第六章 相关法律法规知识

主要知识点

1. 合同法：合同的种类与形式、合同订立、合同的一般条款。
2. 消费者权益保护法：消费者的权利、经营者的义务、解决争议的途径、法律责任。
3. 产品质量法。
4. 票据法：汇票、本票、支票及相关法律责任。
5. 反不正当竞争法：不正当竞争行为的界定及法律责任。
6. 广告法：广告准则、广告活动管理、广告法律责任。
7. 价格法。
8. 担保法：保证、抵押、质押、留置、定金的各自含义及法律规定。
9. 商标法：商标的种类、不能作为商标使用的标志、商标注册的申请与核准、商标使用管理。
10. 劳动合同法：无效劳动合同的条件、解除劳动合同的条件及方式、劳动争议及法律责任。
11. 直销管理条例。
12. 禁止传销条例。

重点与难点

1. 合同法。
2. 消费者权益保护法。
3. 反不正当竞争法*。
4. 商标法。
5. 劳动合同法*。
6. 传销行为的界定及相关法律责任*。

复习建议

相关法律制度有新规定的，串讲时要注意采用新规定。如国家在 2007 年 6

月29日已颁布新的《劳动合同法》，2008年1月1日起实施。

（注：难点用＊表示）

学生训练

学生完成仿真模拟考试训练（试题附后）。学生交换评分，成绩报告教师登记。

总结交流

主要交流本次训练后的收获或建议。每人在完成实训报告的基础上，听取几位学生代表实训总结汇报。教师总结。

八、实训表格

1. 实训成绩登记表；2. 实训报告（参考格式附后）

附表1：实训成绩登记表

实训成绩登记表

任务名称：6.2　营销师考试理论知识串讲与训练　　　　时间：________年____月____日

学号	姓名	实训成绩			总成绩
		角色扮演	现场观摩	销售游戏	

说明：1. 本项实训任务总成绩计算办法：得两个优秀的小组，总成绩记“优秀”；得一个优秀，且无不及格者，总成绩记“良好”；第一项未得优秀，且第二项为“不及格”者，总成绩记“不及格”；其余总成绩计“及格”。2. 实训项目结束，当场宣布小组及个人成绩。

附表2：实训报告

实训报告

专业：__________ 班级：______ 第__ 实训小组 日期：201 __ 年____月____ 日

<table>
<tr><td rowspan="2">教师
评语</td><td colspan="3" rowspan="2"></td><td>成绩</td><td></td></tr>
<tr><td>教师
签字</td><td></td></tr>
<tr><td>小组名单</td><td colspan="5"></td></tr>
<tr><td>任务编号</td><td></td><td>任务名称</td><td></td><td>学时</td><td></td></tr>
<tr><td>使用教材</td><td colspan="5"></td></tr>
<tr><td colspan="6">一、实训任务

二、实训目的

三、步骤与内容

四、实训总结（主要写收获与不足、感想或建议，字数500字左右）</td></tr>
</table>

（注：本表内容多时可另附页）

九、教师训练记录

______

______

______

______

______

十、仿真训练（理论知识模拟考试题）

营销师（三级）职业道德和理论知识仿真试题

第一部分 职业道德

（第1~25题，共25道题）

一、职业道德基础理论与知识部分（第1~16题）

答题指导：该部分均为选择题，每题均有四个备选项，其中单项选择题只有一个选项是正确的，多项选择题有两个或两个以上选项是正确的。请根据题意和要求答题，并在答题卡上将所选答案的相应字母涂黑。错选、少选、多选，则该题均不得分。

（一）单项选择题（第1~8题，每题1分，共8分。）

1. 下列关于爱岗敬业的说法中，你认为正确的是（　　）。

A. 市场经济鼓励人才流动，再提倡爱岗敬业已不合时宜

B. 即便在市场经济时代，也要提倡“干一行、爱一行、专一行”

C. 要做到爱岗敬业就应一辈子在岗位上无私奉献

D. 在现实中，我们不得不承认，“爱岗敬业”的观念阻碍了人们的择业自由

2.《公民道德建设实施纲要》提出，要充分发挥社会主义市场经济机制的积极作用，人们必须增强（　　）。

A. 个人意识、协作意识、效率意识、物质利益观念、改革开放意识

B. 个人意识、竞争意识、公平意识、民主法制意识、开拓创新精神

C. 自立意识、竞争意识、效率意识、民主法制意识、开拓创新精神

D. 自立意识、协作意识、公平意识、物质利益观念、改革开放意识

3. 下列哪一项没有违反诚实守信的要求？（　　）

A. 保守企业秘密

B. 派人打进竞争对手内部，增强竞争优势

C. 根据服务对象来决定是否遵守承诺

D. 凡有利于企业利益的事情都做

4. 现实生活中，一些人不断地从一家公司“跳槽”到另一家公司。虽然这种现象在一定意义上有利于人才的流动，但它同时也说明这些从业人员缺乏（　　）。

A. 工作技能　　B. 强烈的职业责任感

C. 光明磊落的态度　　D. 坚持真理的品质

5. 某商场有一顾客在买东西时，态度非常蛮横，语言也不文明，并提出了许多不合理的要求。你认为营业员应该如何处理？（　　）

A. 坚持耐心细致地给顾客作解释，并最大限度地满足顾客要求

B. 立即向领导汇报

C. 对顾客进行适当的批评教育

D. 不再理睬顾客

6. 职业道德活动中，符合“仪表端庄”具体要求的是（　　）。

A. 着装华贵　　B. 鞋袜搭配合理

C. 饰品俏丽　　D. 发型突出个性

7. 下列说法中，不符合从业人员开拓创新要求的是（　　）。

A. 坚定的信心和顽强的意志　　B. 先天生理因素

C. 思维训练　　D. 标新立异

8. 正确使用职业用语的是（　　）。

A. 不知道　　B. 不合适，可以退货

C. 不买，别问　　D. 不是告诉你了吗

（二）多项选择题（第9～16题，每题1分，共8分。）

9. 文明职工的基本要求是（　　）。

A. 模范遵守国家法律和各项纪律

B. 努力学习科学技术知识，在业务上精益求精

C. 顾客是上帝，对顾客应唯命是从

D. 对态度蛮横的顾客要以其人之道还治其人之身

10. 下列说法中，符合“语言规范”具体要求的是（　　）。

A. 多说俏皮话　　B. 用尊称，不用忌语

C. 语速要快，节省客人时间　　D. 不乱幽默，以免客人误解

11. 爱岗敬业的具体要求是（　　）。

A. 树立职业理想　　B. 强化职业责任

C. 提高职业技能　　D. 抓住择业机遇

12. 列说法中，你认为正确的有（　　）。

A. 岗位责任规定岗位的工作范围和工作性质

B. 操作规则是职业活动具体而详细的次序和动作要求

C. 规章制度是职业活动中最基本的要求

D. 职业规范是员工在工作中必须遵守和履行的职业行为要求

13. 办事公道对企业活动的意义是（　　）。

A. 企业赢得市场、生存和发展的重要条件

B. 抵制不正之风的客观要求

C. 企业勤俭节约的重要内容

D. 企业能够正常运转的基本保证

14. 要做到平等尊重，需要处理好（　　）之间的关系。

A. 上下级　　B. 同事

C. 师徒　　D. 从业人员与服务对象

15. 文明生产的具体要求包括（　　）。

A. 语言文雅、行为端正、精神振奋、技术熟练

B. 相互学习、取长补短、互相支持、共同提高

C. 岗位明确、纪律严明、操作严格、现场安全

D. 优质、低耗、高效

16. 以下哪种情况属不诚实劳动？（　　）

A. 出工不出力　　B. 炒股票

C. 制造假冒伪劣产品　　D. 盗版

二、职业道德个人表现部分（第 17 ~ 25 题，每题 1 分，共 9 分。）

答题指导：该部分均为选择题，每题均有四个备选项。请按照题意要求，根据自己的实际情况只选择其中一个选项。并在答题卡上将所选择答案的相应字母涂黑。

17. 作为一名职工，我可以将自己描述为：迟钝（　　）。

A. 从不　　B. 较少

C. 较多　　　　　　　　　　D. 总是

18. 如果经理作出一项影响公司效益的决定并委派你执行时，你通常会采取哪一种做法？（　）

A. 说服经理改变决定

B. 尽管不情愿，还是努力完成任务

C. 采取迂回战术，把事情拖黄

D. 坚决反对，拒不执行

19. 作为一名职工，我可以将自己描述为：忠诚（　　）。

A. 从不　　　　　　　　　　B. 较少

C. 较多　　　　　　　　　　D. 总是

20. 厂长让会计小林在账目上做些手脚，以减少纳税额，并对他说，若不这样做，小林的工作不保。假如你是小林，你认为以下哪一种做法是可行的？（　）

A. 宁可被开除，也不做假账

B. 向有关部门反映

C. 做真假两本账，既能满足厂长的要求，又能保留证据

D. 明确提出辞职

21. 作为一名职工，我可以将自己描述为：有序（　　）。

A. 从不　　　　　　　　　　B. 较少

C. 较多　　　　　　　　　　D. 总是

22. 假如你是某公司的销售人员，在销售活动中，购买方代表向你索要回扣，你会采取哪一种做法？（　）

A. 向公司领导请示，按领导指示办

B. 为了与对方建立长期的供货关系，可给对方一定数量的回扣

C. 不给回扣，但可以考虑适当降低价格

D. 考虑用小礼品替代回扣

23. 某电冰箱厂总装车间清洁工在打扫卫生时发现了一颗螺钉，假如你是这位清洁工，你会采取哪一种做法？（　）

A. 将这颗螺钉放入垃圾桶内，以免扎伤人

B. 将这颗螺钉捡起后交给仓库保管员

C. 将这颗螺钉交给车间主任，并请其查证是否是漏装的

D. 当作可回收废品处理

24. 作为一名职工，我可以将自己描述为：能力不济（　　）。

A. 从不　　B. 较少　　C. 较多　　D. 总是

25. 对以下行为态度，你认同哪一种观点？（　　）

A. 从不在乎别人说什么话

B. 很在意别人的话

C. 在乎或不在乎，要看说话的人是谁

D. 在意别人的话，做好自己的事

第二部分　理论知识

（26～125 题，共 100 道题，满分为 100 分）

一、单项选择题（第 26～85 题，每题 1 分，共 60 分。每小题只有一个最恰当的答案，请在答题卡上将所选答案的相应字母涂黑。）

26. 市场调研的实际作用就是为（　　）作依据。

A. 营销效益　　B. 营销决策

C. 顾客服务　　D. 产品生产

27.（　　）是指被调查者不愿意让别人知道答案的问题。

A. 开放式问题　　B. 封闭式问题

C. 敏感性问题　　D. 诱导性问题

28. 人口普查是（　　）。

A. 随机抽样　　B. 非随机抽样

C. 简单抽样　　D. 全面调查

29. 消费者在购买决策过程中，首先提出或有意想购买某一产品或服务的人是（　　）。

A. 决策者　　B. 购买者

C. 生产者　　D. 发起者

30. 人们感到某些基本满足被剥夺的状态构成了人的（　　）。

A. 基本需求　　B. 冲动

C. 产品需求　　D. 欲望

31. 消费者购买决策过程的第一阶段是（　　）。

A. 收集信息　　B. 购买决策

C. 确认需求　　D. 购买行为

32.（　　）是指在进行销售预测的基础上设定销售目标额，进而为能具体地实现该销售任务的分配作业，随后销售预算，来支持未来一定期间内的销售配额的达成。

A. 销售服务　　B. 销售组织

C. 销售领导　　D. 销售计划

33. (　　) 是对销售工作的数量考核指标，是分配给销售人员在一定时期内完成的销售。

A. 销售配额　　B. 销售质量

C. 销售数量　　D. 销售机会

34. 在各种市场营销管理哲学中，(　　) 认为企业的任务是确定各个目标市场的需要、欲望和利益，并以保护或提高消费者和社会福利的方式，比竞争者更有效、更有利地向目标市场提供能够满足其需要、欲望和利益的物品或服务。

A. 生产观念　　B. 推销观念

C. 市场营销观念　　D. 社会营销观念

35. 在4C理论中促销被 (　　) 所替代。

A. 沟通　　B. 顾客

C. 成本　　D. 便利

36. 数字化整合营销是指从客户价值出发，以 (　　) 为中心，运用现代信息技术和管理信息系统，为客户提供定制化的产品和服务，从而实现企业目标和满足顾客需求目标的一系列营销活动过程。

A. 市场占有率　　B. 客户占有率

C. 市场增长率　　D. 客户增长率

37. 双边业务洽谈时，多用长方形的桌子，宾主通常各占一边。谈判桌横对入口时，此时正确的落座方式为 (　　)。

A. 东道主对门而坐，来宾背门而坐

B. 东道主背门而坐，来宾对门而坐

C. 东道主居左而坐，来宾居右而坐

D. 东道主居右而坐，来宾居左而坐

38. (　　) 是最常用、最重要的配额，一般用销售额来表示，用销售量单位数表示的情况比较少。

A. 销售量配额　　B. 财务配额

C. 销售活动配额　　D. 综合配额

39. 在 (　　)，孔雀受到该国人民的喜爱，适合用作商标图案。

A. 英国　　B. 法国

C. 委内瑞拉　　D. 泰国

40. 荷兰人日常生活中必不可少的饮料是牛奶，但为客人倒牛奶时，讲究倒到杯子的 (　　) 处。

A. 1/3　　B. 2/3

C. 1/2　　D. 3/4

41.（　　）是一种为了获得预计的销售水平而分配资源和销售努力的销售财务计划。

A. 销售分配　　B. 销售组织
C. 销售预算　　D. 销售服务

42. 量本利分析法中最重要的概念是（　　）。

A. BCT　　B. BPT
C. BEP　　D. BBT

43.（　　）是以行业内主要竞争对手的销售费用为基础来确定自己的销售预算。

A. 目标任务法　　B. 销售百分比法
C. 边际收益法　　D. 标杆法

44. 我国消费者权益保护法中所称消费者，是指为（　　）需要而购买、使用经营者所提供的商品或接受经营者所提供的服务的市场主体。

A. 生产消费　　B. 转卖
C. 生活消费　　D. 储存

45.（　　）指销售收入额正好抵补销售成本额。

A. 利点　　B. 本点
C. 量点　　D. 盈亏平衡点

46. 汽车、飞机等第一次出现时都属于（　　）。

A. 改进产品　　B. 换代产品
C. 仿制产品　　D. 全新产品

47. 如将价格定为19.80元是（　　）定价。

A. 声望　　B. 尾数
C. 习惯　　D. 整数

48.（　　）是企业为鼓励买主及早付清货款、大量购买、淡季购买以及配合促销，给予一定的价格折扣与让价。

A. 尾数定价　　B. 折扣定价
C. 习惯定价　　D. 成本导向定价

49. 代理商的士气不那么高是（　　）的特点。

A. 独家代理　　B. 佣金式代理
C. 买断代理　　D. 多家代理

50. 超级市场、百货公司、便利店等的连锁都属于（　　）连锁。

A. 服务业　　B. 商业

C. 产业　　D. 农业

51. 连锁经营最大的优势是由其拥有众多分店所来的（　　）。

A. 利润　　B. 合作

C. 规模优势　　D. 竞争

52. （　　）即对销售促进活动前、中、后的销售额或市场份额进行比较分析，根据数据变动来判断。

A. 量本利分析　　B. 销售绩效分析

C. 顾客需要分析　　D. 销售配额分析

53. CRM 是一种以（　　）为核心的管理原则。

A. 客户服务　　B. 客户满意

C. 客户需求　　D. 客户购买能力

54. （　　）型顾客总体来看性格开朗，容易相处，内心防线较弱，对陌生人的戒备心理不如内向型顾客强。

A. 随和　　B. 刚强

C. 沉默　　D. 好斗

55. 一种常用的认定顾客资格的方法是（　　）。

A. MAN 法则　　B. MBA 法则

C. MMA 法则　　D. MAB 法则

56. 给对方的感觉是一直没有什么妥协的希望，因此也有人称之为（　　）让步策略。

A. 理想的　　B. 坚定的

C. 合理的　　D. 复杂的

57. （　　）是人们用以阻止对方进攻的上策，实可谓坚固的盾牌。

A. 权限因素　　B. 限制性因素

C. 义务因素　　D. 外部因素

58. 纯风险和（　　）风险是共存的。

A. 技术　　B. 素质

C. 投机　　D. 政治

59. 公司为了满足目标顾客群的需要而加以组合的可控制的变量构成(　　)。

A. 市场营销计划　　B. 市场营销组合

C. 市场营销因素　　D. 市场营销管理

60. 驾驭谈判过程的关键是（　　）。

A. 明确达到目标要解决的问题　B. 不断小结并能提出任务

C. 掌握谈判的节奏　　D. 抓住分歧的实质

61.（　　）是指经济审判机关根据当事人一方的请求，依法处理经济合同纠纷案件而进行的职能活动。

A. 经济合同纠纷的调解　　B. 经济合同纠纷的审理

C. 经济合同纠纷的协商　　D. 经济合同纠纷的处理

62.（　　）是指谈判的一方，在整体项目不好谈的情况下，将其项目分成若干块，分块议价，最终达成交易。

A. 浑水摸鱼策略　　B. 疲劳轰炸策略

C. 故布疑阵策略　　D. 化整为零策略

63. 人们购买化妆品，并不是为了获得它的某些化学成分，而是要获得"美"。从这个角度来说，化妆品所提供的"美化"功能属于（　　）。

A. 潜在产品层　　B. 附加产品层

C. 形式产品层　　D. 核心产品层

64.（　　）是一种最简单也是最常见的建议成交的方法，也叫直接成交法。

A. 局部成交法　　B. 假定成交法

C. 请求成交法　　D. 保证成交法

65. 每台电脑 8 000 元是（　　）报价法。

A. 直接　　B. 间接

C. 声望　　D. 习惯

66.（　　）就是将库存物资按重要程度分为特别重要的，一般重要的和不重要的库存 3 个等级，然后针对不同的级别分别进行管理与控制。

A. 层次管理法　　B. 等级管理法

C. 目标管理法　　D. ABC 分类管理法

67. 商品检验是指（　　）、需方或第三方按照合同、标准或国际、国家的有关法规对商品进行的检查，并作出结论的业务活动。

A. 供方　　B. 我方

C. 对方　　D. 产方

68. 信用管理的目标是（　　），从而让投资者的投资利益最大化。

A. 消费者利润最大化　　B. 企业利润最大化

C. 中间商利润最大化　　D. 代理商利润最大化

69. 信用额度又称（　　），是企业信用政策的一个组成部分。

A. 信用量度　　B. 信用广度

C. 信用限额　　D. 信用深度

70. 通过帮助中间商获得更好的管理、销售的方法，从而提高销售绩效的是（　　）。

A. 间接激励　　B. 直接激励

C. 物质激励　　D. 精神激励

71. （　　）是指经销商在获得正常利润的同时，无意中向自己辖区以外的市场倾销产品的行为。

A. 良性窜货　　B. 恶性窜货

C. 自然性窜货　　D. 主观性窜货

72. 形成窜货的具体原因有很多，既有厂家的各种原因，也有经销商的各种原因，但“（　　）”字却贯穿了窜货的全过程。

A. 利　　B. 骗

C. 窜　　D. 货

73. （　　）是指企业根据外部环境变化和内部资源条件设计与管理销售队伍的一系列经济过程。

A. 人员预算　　B. 市场预测

C. 环境分析　　D. 人员销售决策

74. 招聘期限依应征计划不同而稍有差别，不宜过短或过长，一般以 7 天至（　　）为宜。

A. 60 天　　B. 30 天

C. 20 天　　D. 365 天

75. 唐纳·克柏屈格的“四阶层评估模型”中的 4 个层面包括反应、学习、行为以及（　　）。

A. 监控　　B. 效益

C. 追踪　　D. 服务

76. 规范的会议名称一般由（　　）部分组成。

A. 3　　B. 4

C. 5　　D. 6

77. （　　）包括客服中心的管理制度，售后服务的管理、顾客投诉处理制度等。

A. 客户服务　　B. 客户关系管理方面的制度

C. 客户支持　　D. 客户关系

78. 销售人员是买卖关系的（　　）。

A. 桥梁　　B. 发动者

C. 主体　　D. 客体

79. 现金折扣是鼓励客户（　　）。

A. 淡季购买　　B. 多购买

C. 及早付清货款　　D. 常购买

80. （　　）型顾客既重视销售的商品本身，又重视销售人员对待他们的态度和服务。

A. 干练　　B. 软心肠

C. 防卫　　D. 寻求答案

81. 顾客满意度和（　　）是衡量企业产品和服务在顾客心中位置的重要指标。

A. 顾客价值　　B. 理解度

C. 支持度　　D. 忠诚度

82. 新闻发布会又称（　　），是企业举行的公开传播重要新闻事件的途径。

A. 记者招待会　　B. 产品发布会

C. 信息发布会　　D. 企业发布会

83. 消费者固定样本数据分析也可用来评估消费者对（　　）的反应。

A. 企业　　B. 销售促进

C. 产品　　D. 销售结果

84. 确定适度规模的一种有效的方法是通过计算机（　　）管理信息系统分析商品销售动态，确定每一种商品的适当陈列量，进而确定适度组合。

A. POS　　B. MCR

C. CI　　D. COS

85. 企业以非付款的方式通过第三者在报刊、电台、电视、会议、信函等传播媒体上发表有关企业产品的有利报道的促销方式属于（　　）。

A. 广告　　B. 公共宣传

C. 销售促进　　D. 人员推销

二、多项选择题（第 86～125 题，每小题 1 分，共 40 分。每题有多个答案正确，请在答题卡上将所选答案的相应字母涂黑。错选、少选、多选，均不得分。）

86. 问卷的正文一般包括（　　）。

A. 问候语　　B. 资料搜集

C. 被调查者的基本情况　　D. 编码

87. 非随机抽样常用的抽样方法有（　　）。

A. 任意抽样法　　B. 判断抽样法

C. 等距抽样法　　D. 配额抽样法

88. 组织市场可以划分为（　　）。

A. 产业市场　　B. 消费者市场

C. 中间商市场　　D. 非营利组织市场

89. 间接资料调查的资料来源主要可分为（　　）。

A. 内部资料来源　　B. 一手资料

C. 外部资料来源　　D. 二手资料

90. 选择间接资料的基本原则有（　　）。

A. 相关性原则　　B. 时效性原则

C. 系统性原则　　D. 经济效益原则

91. 下列属于财务配额的有（　　）。

A. 综合配额　　B. 费用配额

C. 毛利配额　　D. 利润配额

92. 产品组合定价法有（　　）。

A. 系列产品定价　　B. 新产品定价

C. 互补产品定价　　D. 互替产品定价

93. 决定销售计划的方式有两种，即（　　）。

A. 分配方式　　B. 企业方式

C. 上行方式　　D. 顾客方式

94. 产业购买者作购买决策时受一系列因素的影响，包括（　　）。

A. 环境因素　　B. 组织因素

C. 人际因素　　D. 个人因素

95. 常用的预算控制有两种方式，即（　　）。

A. 费用专控目标体系　　B. 生产控制

C. 定额管理　　D. 销售控制

96. 新产品定价的定价策略有（　　）。

A. 市场撇脂定价　　B. 整数定价

C. 市场渗透定价　　D. 尾数定价

97. 销售代理的魅力主要表现在以下几个方面（　　）。

A. 使企业产品更好地进入某一市场，试探市场需求

B. 减免市场风险，降低销售成本

C. 减少交易次数，加强售后服务

D. 增加企业利润

98. 按代理商是否承担货物买卖风险，以及其与原厂的业务关系来划分，可分为（　　）。

A. 佣金代理　　B. 独家代理

C. 多家代理　　D. 买断代理

99. 新产品大体上包括的类型有（　　）。

A. 全新产品　　B. 换代产品

C. 改进产品　　D. 仿制产品

100. 厂商激励代理商的手段较多，一般有（　　）。

A. 物质激励　　B. 代理权激励

C. 一体化激励　　D. 晋升

101. 罗杰斯根据消费者对新产品接受的快慢程度不同，把采用者划分为（　　）。

A. 早期采用者　　B. 早期大众

C. 晚期大众和落后采用者　　D. 创新采用者

102. 折扣定价的形式有（　　）。

A. 现金折扣　　B. 数量折扣

C. 职能折扣　　D. 季节折扣和折让

103. 销售分析与评价是现代科学管理的重要一环，它的作用有（　　）。

A. 有利于企业经营管理水平的提高

B. 有利于目标管理的推行

C. 有利于目标利润的实现

D. 有利于体现以客户为中心的理念

104. 依据连锁总部主导类型不同，可以划分为（　　）。

A. 生产厂家主导型连锁　　B. 顾客主导型连锁

C. 批发商主导型连锁　　D. 零售商主导型连锁

105. 需求差别定价主要有以下几种形式（　　）。

A. 因顾客而异　　B. 因时间而异

C. 因地点而异　　D. 因产品而异

106. 连锁经营除了其规模效应这个主要的优势外，其他方面的优势即(　　)。

A. 专业化　　B. 标准化

C. 集中化　　D. 信息化

107. 专营店的共同特征很明显，主要体现在以下几个方面（　　）。

A. 规模较小，投资回收期短　　B. 商品专一

C. 服务灵活　　D. 引导消费潮流

108. 连锁经营的标准化表现在（　　）。

A. 商品服务的标准化　　B. 企业整体形象的标准化

C. 工作标准化　　D. 评价标准化

109. 利用消费者的逆反心理做广告主要有以下几种手法（　　）。

A. 以长比长　　B. 以长托短

C. 以短比短　　D. 以短揭长

110. 成功的公共宣传活动能达到以下几方面的目的（　　）。

A. 提高企业或产品的知名度和美誉度

B. 帮助新产品打开销路

C. 有助于挽回突发事件的不利影响

D. 有利于建立良好的社区关系

111. 在实际操作过程中，订单的报价方式五花八门，但不外乎以下两种报价方式（　　）。

A. 间接报价法　　B. 正确计算报价法

C. 直接报价法　　D. 估价报价法

112. 企业领导接受记者采访，一般应达到的目的有（　　）。

A. 收入　　B. 树立企业形象

C. 博得公众好感　　D. 推销企业产品

113. 与新闻媒体建立良好关系的原则有（　　）。

A. 熟透新闻工作规律　　B. 坦率真诚地合作

C. 及时主动地提供方便　　D. 尊重新闻职业道德

114. 菲利普·科特勒在1984年对市场营销理论提出了新的观念，在4P之外又添加2P，这2P分别是（　　）。

A. 权力　　B. 压力

C. 沟通　　D. 公共关系

115. 市场性风险主要有以下几个方面（　　）。

A. 政治风险　　B. 汇率风险

C. 利率风险　　D. 价格风险

116. 促销的手段主要有（　　）。

A. 人员推销　　B. 广告

C. 销售促进　　D. 公关

117. 企业订单管理流程大致上可以分为以下几大类（　　）。

A. 从上向下的订单管理流程

B. “存货生产方式”的订单管理流程

C. “订货生产方式”的订单管理流程

D. 从下向上的订单管理流程

118. 在进行产品线延伸时，向下延伸的必要条件有（　　）。

A. 利用高档产品的声誉，吸引购买力水平较低的顾客来购买此产品线中的廉价产品

B. 高档产品销售增长缓慢，企业资源设备没有得到充分利用，为争取更多的顾客

C. 企业已利用高档产品建立起信誉，再进入中、低档产品以扩大市场占有率

D. 补充企业的产品线空白

119. 成交失败后需要注意的事项有（　　）。

A. 避免失态　　B. 请求指点

C. 分析原因　　D. 吸取教训

120. ABC 管理法将库存物资按重要程度分为（　　）。

A. 较重要的库存　　B. 特别重要的库存

C. 一般重要的库存　　D. 不重要的库存

121. 下列行为属于恶性窜货的有（　　）。

A. 市场开发初期，企业有意选中流通性强的市场中的经销商，使产品流向空白市场

B. 经销商蓄意向自己辖区以外的市场倾销产品

C. 经销商以低于厂家规定的价格向非辖区销货

D. 经销商销售假冒伪劣产品

122. 服务质量的评价标准有（　　）。

A. 可靠性　　B. 响应性

C. 保证性　　D. 移情性和有形性

123. 激励中间商的形式多种多样，其中直接激励的主要形式有（　　）。

A. 返利政策　　B. 伙伴关系管理

C. 价格折扣　　D. 开展促销活动

124. 分析评价培训效果的具体方法很多，大致分为两类，即（　　）。

A. 平均法　　B. 定性方法

C. 定量方法　　D. 边际法

125. 制定合理的信用政策主要包括（　　）。

A. 信用标准　　B. 信用条件

C. 信用额度　　D. 信用内容

营销师（三级）职业道德和理论知识仿真试题参考答案

职业道德部分参考答案

1～8. BCABABBB　9. AB　10. BD　11. ABC　12. ABCD　13. ABD
14. ABCD　15. ABCD　16. ACD　17～25. AADADCCAA

理论知识部分参考答案

一、单项选择题

26. B　27. C　28. D　29. D　30. A　31. C　32. D　33. A　34. D　35. A
36. B　37. B　38. A　39. D　40. B　41. C　42. C　43. D　44. C　45. D
46. D　47. B　48. B　49. D　50. B　51. C　52. B　53. C　54. A　55. A
56. B　57. B　58. C　59. B　60. D　61. B　62. D　63. D　64. C　65. A
66. D　67. A　68. B　69. C　70. A　71. C　72. A　73. D　74. B　75. B
76. A　77. B　78. A　79. C　80. A　81. D　82. A　83. B　84. A　85. B

二、多项选择题

86. BCD　87. ABD　88. ACD　89. AC　90. ABCD
91. BCD　92. ACD　93. AC　94. ABCD　95. AC
96. AC　97. ABC　98. AD　99. ABCD　100. ABC
101. ABCD　102. ABCD　103. ABC　104. ACD　105. ABCD
106. ABCD　107. ABCD　108. AB　109. BCD　110. ABCD
111. CD　112. BCD　113. ABCD　114. AD　115. BCD
116. ABCD　117. BC　118. ABCD　119. ABCD　120. BCD
121. BCD　122. ABCD　123. ACD　124. BC　125. ABC

附表1：实训成绩登记表

实训成绩登记表

任务名称：6.2 营销师模拟考试　　　　　　　　时间：______年____月____日

学号	姓名	实训成绩		
		个人表现	模拟考试	总成绩

说明：1. 个人表现：主要根据个人出勤情况及课堂表现评比。2. 模拟考试成绩85分以上为优秀；75～84分为良好；60～74分为及格；60分以下为不及格。3. 本项实训任务总成绩计算办法：得两个优秀的同学，总成绩记“优秀”；得一个优秀，且无不及格者，总成绩记“良好”；第一项未得优秀，且第二项为“不及格”者，总成绩记“不及格”；其余总成绩计“及格”。

附表 2：实训报告

实训报告

专业：__________　班级：______　第__实训小组　日期：201__年____月____日

<table>
<tr><td rowspan="2">教师
评语</td><td rowspan="2" colspan="3"></td><td>成绩</td><td></td></tr>
<tr><td>教师
签字</td><td></td></tr>
<tr><td>小组名单</td><td colspan="5"></td></tr>
<tr><td>任务编号</td><td></td><td>任务名称</td><td></td><td>学时</td><td></td></tr>
<tr><td>使用教材</td><td colspan="5"></td></tr>
<tr><td colspan="6">一、实训任务

二、实训目的

三、步骤与内容

四、实训总结（主要写收获与不足、感想或建议，字数 500 字左右）

</td></tr>
</table>

（注：本表内容多时可另附页）

6.3 营销师技能考核辅导与训练

一、训练目的

通过本项目的训练，使学生熟悉助理营销师专业技能考试的主要考点与要求，掌握案例分析题与情景题的答题方法。

二、训练类型

教师分析，模拟考试

三、学时建议

4 学时

四、训练准备

1. 国家助理营销师考试技能题答题方法指导书。（附后，第二部分试题印发给学生）

2. 操作技能模拟考试试卷（教师提前制卷）。

五、训练内容

1. 国家助理营销师操作技能考试考点分析。

2. 技能题常见题型的答题方法辅导。

3. 操作技能模拟考试。

六、训练方案

1. 教师以考试指定教材为依据，逐章进行操作技能考点分析，并解答学生疑问。

2. 操作技能考试答题方法辅导。

3. 技能题模拟考试训练。教师进行方法点拨后，学生参加操作技能模拟考试。

4. 总结与交流。

七、考点分析

（一）技能考点分析

第一章　市场分析

主要考点

1. 调查问卷设计方法*。
2. 抽样调查具体方式*。
3. 消费者购买决策过程分析*。
4. 中间商的主要购买决策。

第二章　营销策划

主要考点

1. 因素分析法。
2. 量本利分析法*。
3. 新产品类型。
4. 价格策略：心理定价、地区性定价、折扣定价、需求差别定价、新产品定价、产品组合定价。
5. 销售代理：销售代理的意义、方式及其特点，激励代理商的方式。
6. 连锁经营：连锁经营的含义及连锁经营的关键，直营连锁、自由加盟连锁、合同连锁各自的特点，连锁经营的优势及注意问题。
7. 市场推广：销售促进方案的内容、促销成本计算（管理成本 + 激励成本 × 预期销售量）。
8. 广告策略。
9. 公共宣传活动的形式*。
10. 如何处理与新闻媒体的关系。

第三章　产品销售

主要考点

1. 顾客方格理论。
2. 接近顾客的方法及顾客资格审查（MAN 法则）。
3. 顾客对商品的兴趣点。
4. 销售示范的技术*。
5. 谈判让步的八种策略及各自特点。

6. 商务谈判中阻止对方进攻的策略：权利限制、资料限制、以攻对攻。

7. 合同纠纷的谈判；产生合同纠纷的原因及处理方法（协商、调解、仲裁）*。

8. 常见谈判策略（红脸白脸、欲擒故纵、抛放低球、旁敲侧击、浑水摸鱼、化整为零、大智若愚、故布疑阵、声东击西、寻找临界价格）*。

9. 顾客异议处理：形成顾客异议的原因及回答时机*。

10. 促成交易的方法。

11. 货品管理：经济批量计算。

第四章　客户管理

主要考点

1. 客户信用管理。

2. 追账策略：企业自行追账、委托追账、仲裁追账、诉讼追账各自的特点与方法*。

3. 客户关系管理：激励中间商的方法、窜货的成因及治理*。

第五章　团队建设

主要考点

1. 销售人员的职责。

2. 人员销售的方式*。

3. 销售人员的素质*。

4. 企业招聘人才的途径*。

5. 销售人员的培训*。

6. 测定培训效果，收集信息的方法。

7. 销售会议：会议筹备的内容、主持与控制会议的方法。

（二）答题方法辅导

国家助理营销师技能考试题答题方法指导

方法点拨

从近几年的助理营销师考试经验看，技能题考试往往是考生的难点，不少考生理论知识考试往往能顺利通过，而在技能考试上却落下马来。从客观上讲，技能题常常涉及多个知识点，需要考生融会贯通各类知识，具备综合分析问题和解决问题的能力。因而，相对理论知识考试中的单项选择题与多项选择题，难度更大，对考生的要求更高。从主观上说，考生对技能题的答题方法和要领把握不准确，也有一定关系。

通过分析近年技能题的参考答案，我们认为，掌握技能题的答题技巧，要认真领会好4个字，即“准”、“全”、“扣”、“活”。

1. 准。所谓“准”，就是要以考试指定教材为依据，不要想当然，更不能用无关的内容填满答卷。

2. 全。所谓“全”，就是在“准”的基础上尽量把相关知识点回答齐全，不要遗漏。

3. 扣。所谓“扣”，就是光答知识点不够，回答问题时应结合案例材料分析。

4. 活。技能题主要是考核考生分析问题和解决问题的能力，因而有的考题属于开放性试题，没有严格的所谓“标准答案”。如2007年技能考试题中有一道关于招聘销售人员的试题，主要涉及职业道德方面的问题（见第二部分试题第5题），答案中就没有规定统一的“标准答案”，而是“回答道德或不道德都可以，但必须在原因方面自圆其说”。对这类考题的解答，需要考生具有一定的灵活性，主要考核其面对实际问题时的思辨能力。

近年部分国家助理营销师技能考试题参考答案

情景题

1. 北京乐达公司是一家专门从事电脑生产的公司，其生产的电脑主要针对企业，迎合了企业的某些特殊需求，下面是该公司市场部经理A与某商场调查公司有关负责人B所进行的一段谈判对话：

A：我们上次所进行的合作不知贵公司还记得吗?

B：我们公司是与贵公司合作过，今年上半年，贵公司想在短期内进入家用电脑市场，认为虽然自己的技术可以支持家用电脑的生产，但在品牌上却不一定具有优势，因为公司的品牌主要在产业用户中具有影响力，家庭用户不一定知道这个品牌。为了验证这个结论你们决定进行一次市场调查，通过实地调查来了解消费者对该品牌的了解。于是就产生了我们之间的合作。

A：我们上次的合作是非常愉快的，贵公司在合作的过程中表现了非常友好的态度，并且全力以赴，具体的合作方式是贵公司为我们提供市场调查问卷，我们自己组织调查。但调查的结果不是很理想，我们针对这个结果进行了分析，认为原因是复杂的，但有几点是比较明确的：在实际调查过程中，很多被调查者不愿意提供合作，认为该问卷太复杂，对很多问题都不理解，并且填这样的问卷太浪费时间，而且还有些问题涉及个人因素。由于被调查者的不合作我们通过调查并没有取得自己想要的东西。

B：从贵公司的分析中可以看出，该调查失败的原因似乎是我们设计的调查问卷质量不过关。但我们认为调查过程中所进行的控制是非常重要的，在控制过程中会有很多因素对整个调查结果造成影响，不知贵公司是否对整个调查过程进行过分析？（2007年、2010年5月）

请结合上面的对话分析：

（1）一般来说，一份问卷应该包括哪些内容？

（2）在设计新的问卷时，要想避免被调查者的抵触应该注意哪些问题？在具体调查过程中，该公司为了控制质量采取的措施有哪些？

答题要点：

（1）一份问卷一般包括：问卷的开头，包括问候语、填表说明和问卷编号；问卷的正文，包括资料搜集、被调查者的基本情况和编号；问卷的结尾，用以记录被调查者的意见、感受；或是记录调查情况，也可以是感谢语以及其他补充说明。

（2）要想避免被访者的抵触，在问卷设计时应注意的问题是：提问的内容尽可能短；用词要确切、通俗；一项提问只包含一项内容；避开诱导性提问；避免否定式的提问；避免敏感性问题等。

2. 北京慧康公司是一家专门为金融企业提供信息系统服务的企业。王刚是该公司华北区市场总监，他得知明德银行将于近期启动一个客户关系管理系统的项目。为了进一步了解该项目的背景资料，他预约了明德银行信息中心的刘主任就该项目进行了一次会谈。以下是该谈话的部分内容：

王刚：刘主任，请您先介绍一下明德银行的组织结构吧。

刘主任：好吧。银行总部共有六个主要的管理职能部门，包括经营管理部、计划财务部、审计部、信息中心、行政部及品牌部。我们信息中心主要负责全行系统内信息系统的选型、维护及日常管理等工作。

王刚：咱们行有几位高层领导，他们是怎么分工的啊？

刘主任：除了一个李行长外，还有4个副行长。其中崔副行长是负责信息化这块的。其余几位副行长也有各自的分工。

王刚：如果决定要上信息系统的话，明德银行内部的决策程序是怎样的呢？

刘主任：一般情况下，由信息中心提出使用申请，经营管理部会组织外部专家详细论证信息系统的必要性与可行性。接下来是行长办公会讨论决定选型并对外招标，行长办公会上，主要由负责信息化的崔副行长提交选型初步方案。计划财务部对中标价格进行财务核算，最后就是由李行长亲自拍板决定。拍板决定后交由信息中心进行实际采购。

王刚：我想我初步明白了。谢谢您的介绍。(2008 年)

请结合上面的对话分析：

(1) 企业采购中心通常包括哪些成员?

(2) 明德行长中的李行长、刘主任、崔副行长分别属于采购中心哪些成员?

答题要点：

(1) 企业采购中心包括使用者、影响者、采购者、决策者、信息控制者等五种成员。

(2) 李行长属于决策者，刘主任属于使用者也属于采购者，崔副行长属于影响者。

3. 小王是某公司的销售经理，现在他面对着一个非常棘手的问题，其主要的合作伙伴履行合同时产生了一些问题，对已经签订合同的某些条款提出了质疑，并据此而不履行合同。公司的销售受到了很大影响，小王希望在最短的时间内把这一问题解决。(2007 年)

请帮助小王分析：

(1) 合同纠纷产生的原因主要有哪些?

(2) 在与合作伙伴进行协商时，小王应注意哪些问题?

答题要点：

(1) 产生合同纠纷的主要原因有：

第一，在经济调整改革中，由于企业转产、停产以致撤销、合并或分立的原因，造成经济合同的不能履行或不能完全履行，而产生经济纠纷；

第二，由于当事人相互之间或一方对他方的实际情况缺乏调查了解，盲目签订合同，造成合同纠纷；

第三，由于当事人法制观念薄弱而发生经济纠纷；

第四，因标的数量短缺，质量、包装不合格而发生的经济纠纷；

第五，由于拒付、少付货款或劳务酬金，逾期付款、产品价格变动等原因而发生的经济纠纷；

第六，由于企业下属职能部门负责人或专职业务人员，带着企业的空白合同到处乱签合同而无法履行，从而产生纠纷；

第七，有的企业超出自己的设备能力和资金能力签订合同，而导致合同纠纷；

第八，有的企业或单位，用上压下、大欺小的手段强迫对方签订的合同，易产生纠纷。

（2）在与合作伙伴进行协商时，小王应注意：

①双方的态度要端正、诚恳；

②通过协商达成的协议，一定要符合国家的法律、政策；

③协商解决纠纷一定要坚持原则，不允许损害国家和集体的利益；

④协商是在平等的前提下进行的；

⑤在协商解决纠纷中要防止拉关系、搞私立不正之风。

4. 王经理最近从公司的竞争对手手里挖走了对方几名经验丰富的销售人员。合格的销售人员特别是熟悉招聘公司行业而且经验丰富的销售人员凤毛麟角。主动从竞争对手的销售队伍中招聘是得到这类人才的一种途径。他们不仅熟悉业务，甚至还能带来部分客户。竞争对手强烈反对这种他们称之为“挖墙脚”的行为，因为他们花钱培训销售人员，却不能从中受益。王经理则认为吸引销售人员同吸引客户一样是正当竞争。（2007 年）

问题：

（1）企业招聘销售人员一般有几种途径？

（2）如果你是王经理，你觉得这样道德吗？为什么？

答题要点：

（1）企业招聘的途径一般有：

大中专院校及技工学校、人才交流会、职业介绍所、各种广告、内部职员介绍、行业协会、业务接触、网络招聘、猎头招聘。

（2）回答道德或不道德都可以，但必须在原因方面自圆其说。

案例分析题

5. 请结合案例和所学的知识回答问题。

推销员马丽敲开了一位顾客的门，向他推销榨果汁机：“王先生，您的同事李先生要我前来拜访，跟您谈一个您可能感兴趣的问题。”王先生打消了怀疑态度，让马丽进入室内。马丽全方位地讲解了榨果汁机的优良性能并进行了精彩的示范。王先生表示出极大的兴趣，但是他认为操作步骤有些麻烦。马丽从容不迫地告诉他：“操作起来是稍微有点麻烦，但是考虑到其一流的质量和低廉的价格，这不算什么大问题，不会影响使用效果。”王先生点了点头，马丽乘机说：“您

喜欢黄色还是绿色?”王先生挑了一个绿色的，交易很快完成了。(2009 年)

问题：

(1) 在示范的过程中应注意哪些问题?

(2) 马丽用的是哪种建议成交策略?试列举其他种类的建议成交策略。

答题要点：

(1) 在示范过程中，应做到：

①有选择、有重点地示范产品；

②邀请顾客加入；

③销售人员的新奇动作也会有助于提高顾客的兴趣；

④做到动作熟练、自然，给顾客留下利落、能干的印象；

⑤要注意对产品不时流露出爱惜的感情；

⑥心境平和、从容不迫。

(2) 选择成交法。

其他成交策略还有：请求成交法、局部成交法、假定成交法、限期成交法、从众成交法、保证成交法、优惠成交法、最后成交法、让步成交法、饥饿成交法(回答任意四种即可)。

6. 请结合案例所学的知识回答问题。

某厂开发的新产品——气功激发仪，在某商场柜台摆放了 3 个月无人问津。忽然有一天该商品被顾客抢购了 198 个。产品由滞转畅的原因是，推销员不仅向顾客介绍商品的性能，而且现场进行表演，在一位患肩周炎的老人身上具体示范。奇迹发生了，当即这位老人的胳膊不仅能抬起，而且伸直弯曲也不疼。围观的顾客无不为之折服，纷纷解囊争购这种产品。(2007 年、2008 年、2009 年)

问题：

(1) 一个理想的销售人员应具备什么素质?

(2) 人员销售有哪几种方式?

答题要点：

(1) 一个理想的销售人员应具备以下素质：

①强烈的敬业精神；

②敏锐的观察能力；

③良好的服务态度；

④说服顾客的能力；

⑤广阔的知识面：产品知识、企业知识、用户知识、市场知识、语言知识、社会知识、美学知识。

(2) 人员销售的方式有：

①单个销售人员对一个顾客；

②单个销售人员对一组顾客；

③销售小组对一组顾客；

④销售会议、销售研讨会。

7. 王牌股份有限公司的培训经理武刚遇到一个问题：公司的一个老销售代表王港拒绝参加公司的销售培训。之前，公司发现在一些重要地区的销量和顾客满意度都有所下滑，武刚受命从一个销售培训机构聘请了一位专家为公司的销售代表举办一个为期5天的销售研讨会，想通过案例研究、游戏、角色扮演等手段提高销售代表们的销售技巧。但是，王港却公开宣称不参加该培训。他告诉武刚，他是公司里最能干的销售代表，并不需要离开销售区域来参加这种销售技巧培训，因为这会使得他的销售收入下降。

不得不承认，王港是公司里面最为成功的销售代表之一。从一个一般的学校毕业后，他便加入了公司，曾连续五年获得公司的“年度最佳销售代表”的称号。但是，许多销售代表私下里向公司反映说王港的团队合作精神不好。(2009年、2010年5月)

问题：你认为武刚该如何处理这件事情?

答题要点：

武刚应该要做好王港的思想工作，说服他参加公司的培训，并处理好他与同事的关系。

具体可从三方面开展工作：

一是通过个别交谈，充分肯定他在公司业务方面的突出表现。

二是要毫不客气地打掉他的骄气和傲气，诚恳地指出他团队合作方面的不足，帮助他正确认识自己的不足。同时，强调本次培训的专业性和权威性，让他明确培训的价值所在。

三是在团队成员面前，帮助王港做些解释工作，既要维护王港在团队的威信，又要做团队成员的稳定工作，争取他们继续支持王港的工作。

注：答题时要结合案例阐述，否则酌情扣分。

（三）模拟考试训练

每人完成操作技能模拟考试（试题附后），然后交换试卷评分，教师进行成绩登记。

（四）总结交流

主要交流本次训练后的收获或建议。每人在完成实训报告的基础上，听取几位学生代表实训总结汇报。教师总结。

八、实训表格

1. 实训成绩登记表；2. 实训报告（参考格式附后）

附表1：实训成绩登记表

实训成绩登记表

任务名称：6.3　营销师技能考核辅导与训练　　　　时间：______年____月____日

学号	姓名	实训成绩		
		个人表现	模拟考试	总成绩

说明：1. 个人表现：主要根据个人出勤情况及课堂表现评比。2. 模拟考试成绩85分以上为优秀；75～84分为良好；60～74分为及格；60分以下为不及格。3. 本项实训任务总成绩计算办法：得两个优秀的同学，总成绩记“优秀”；得一个优秀，且无不及格者，总成绩记“良好”；第一项未得优秀，且第二项为“不及格”者，总成绩记“不及格”，其余总成绩记“及格”。4. 实训项目结束，当场宣布个人成绩。

附表2：实训报告

实训报告

专业：__________　班级：______　第__实训小组　日期：201 __ 年____月____ 日

教师评语				成绩	
				教师签字	
小组名单					
任务编号		任务名称		学时	
使用教材					

一、实训任务

二、实训目的

三、步骤与内容

四、实训总结（主要写收获与不足、感想或建议，字数500字左右）

（注：本表内容多时可另附页）

九、教师训练记录

____

____

____

____

十、仿真训练（试题附后）

营销师（三级）操作技能仿真试题

（总分100分，时量120分钟）

一、案例分析（第（一）~（三）题，每题20分，共60分）

（一）下面是一份大学生就业问卷调查表：

亲爱的同学：你好！为了进一步了解大学生的就业心理，分析大学生的就业前景，我们组织了这项调查。此调查不记姓名，请你在紧张的学习之余给我们提供宝贵的信息与意见。

1. 你的性别：男（　　）　女（　　）
2. 你的学历：专科（　　）本科（　　）硕士（　　）博士（　　）
3. 你就读的学校（　　　　　　　　　　　　　　　　）
4. 你所学的专业（　　　　　　　　　　　　）
5. 毕业后你的打算是什么？（　　）

   A. 直接就业　　B. 继续深造　　C. 出国留学

   D. 先工作，后深造　　E. 其他
6. 你觉得自己目前所学专业在今后的求职过程中是否具有优势？（　　）

   A. 有　　B. 没有　　C. 不清楚
7. 在找工作时，你怎么看待专业和工作性质的问题？（　　）

   A. 一定要找与专业对口的工作

   B. 可以是与专业有一定关联性的工作，不一定是绝对的对口

   C. 专业与工作性质没什么关系，先找一份工作再说

8. 你在应聘过程中，注重企业的哪些方面？（　　）

A. 公司名气　　B. 日后要从事的岗位

C. 个人发展空间　　D. 薪酬高低

E. 其他

9. 你将怎样确定你的就业地区？（　　）

A. 经济较发达或东南沿海城市　　B. 自己理想喜欢的城市

C. 由父母决定　　D. 到最艰苦的环境中去锻炼自己

E. 没有特别的要求

10. 你相信职业介绍中心吗？（　　）

A. 相信　　B. 不相信　　C. 不了解

11. 对于你的第一份工作，期望的薪金是多少？（　　）

A. 1 000 元以下　　B. 1 001 ~ 1 500 元　　C. 1 501 ~ 2 000 元

D. 2 001 元以上

12. 你毕业后的择业方向？（　　）

A. 事业单位　　B. 国有单位　　C. 私营企业

D. 外资企业　　E. 其他

13. 你对现在毕业生就业形势有什么看法（限 500 字）。

14. 请谈一下你目前的人生规划（限 500 字）。

问题：

1. 调查问卷设计的一般技巧是什么？（10 分）

2. 对该问卷的设计作简要点评。（10 分）

（二）春兰公司是如何维系经销商的？

江苏春兰集团的空调产品在国内市场上的占有率达到了 40%，在同行各企业中遥遥领先。它在处理与其经销商的关系时采用的是一种全新的厂商合作方法——“受控代理制”，即代理商要进货，供货员必须提前将货款以入股方式先交春兰公司，然后按全国规定，提走物品。在维系经销商方面，春兰公司不仅为他们提供质量好、价格合理的空调产品，而且专门建立了一个庞大的售后服务中心，近万人的安装、调试、维修队伍，他们实行 24 小时全天候服务，顾客在任何地方购买了春兰空调都能就近得到一流的售后服务，这为经销商免除了后顾之忧。

此外，春兰公司给代理商大幅度让利，有时甚至高达售价的 30%，年末还给予奖励。到目前为止，春兰公司已在全国建立了 13 个销售分公司，同时还有 2 000多家经销商与春兰建立了直接代理关系，二级批发、三级批发，加上零售商，销售大军已达 10 万之众。

问题：

1. 春兰公司为激励中间商，在直接激励和间接激励方面各采取了哪些策略？（10 分）

2. 企业对经销商进行间接激励，一般可采用哪些方法？（10 分）

（三）多功能除雪车的营销策划

w 公司是一家主要研制、开发、生产、销售系列除雪车的专业公司。其产品主要用于吹除机场跑道、高速公路、城市路桥地面积雪，消除空中雾气，清除地面薄冰，清理公路沙尘等。2002 年公司开发出新一代多功能喷气除雪车，该产品具有较高的科技含量，工作效率较之以前的机械式除雪车要高出很多，三台机器 30 分钟之内能除净一条机场跑道，并且不污染环境、不损伤地面，是真正的绿色环保车，业内人士认为市场潜力较大。

张凯立先生半年前被任命为该公司的销售部经理，主要负责该产品的市场开拓。他一上任就展开调研，制订营销计划，策划营销活动，积极寻找真正买主。2002 年 9 月在公司所在地举行了规模较大的产品发布会，进行了现场操作表演，吸引了媒体和买主的注意，电视台、民航报、汽车报等多家媒体进行了报道，达到了预期效果。张凯立现在正与其团队成员一起制定营销组合策略，力争在销售旺季到来之前做好各项工作，实现销售的突破。

问题：

1. 张凯立要开拓市场，首先要了解此类市场购买行为特征。从购买者角度来分析，这类市场购买行为是哪一种？影响该类购买者购买决策的主要因素有哪些？（10 分）

2. 你认为这种新一代除雪车应采取何种新产品定价策略？为什么？（10 分）

二、情景题（第（四）~（五）题，每题 20 分，共 40 分）

（四）美国有位汽车推销员应一个家庭电话的约请前往推销汽车，推销员进门后只见这个家里坐着一位老太太和一位小姐，便认定是小姐要买汽车，推销员根本不理会那位老太太。经过半天时间的推销面谈，小姐答应可以考虑购买这位推销员所推销的汽车，只是还要最后请示那位老太太，让她做出最后的决定，因为是老太太购买汽车赠送给小姐。结果老太太横眉怒目，打发这位汽车推销员赶快离开。后来又有一位汽车推销员应约上门推销，这位推销员善于察言观色，同时向老太太和小姐展开攻势，很快就达成交易。

问题：1. 这两个推销员为什么一个推销失败，而另外一个则能达成交易？（10 分）

2. 认定顾客资格应包括哪些内容？（10 分）

（五）一次，我遇上一名销售各种笔的人，他进办公室坐在我办公桌旁，开始滔滔不绝地介绍他的笔。我很注意地听他的精彩讲解，对于优秀的销售人员的现场销售表演，酷爱销售的我怎么能错过这个大好机会呢！正听得津津有味时，不知他是因为我专注的神情而紧张，还是他感觉我们的空调温度不够低，他拿着纸块儿开始扇起来，一阵阵凉风拂过，同时一股难闻的口臭味儿也飘来，我顿时一改对他良好谈吐的欣赏，当然，连同他介绍的优质产品一并否决在那飘在空气中的口臭味里。

1. 这位推销员失败的原因在哪里？假如你是这位推销员，你会怎样吸取教训？（10 分）

2. 理想的推销员应该具有哪些素质？（10 分）

营销师（三级）操作技能仿真试题

参考答案

一、案例分析

（一）1. 调查问卷中设计问题的技巧：①要简洁、通俗，不要出现令人费解的问题。②提问立场必须中立，不应出有某种暗示的诱导性问题。③一事一问原则，不要一个问题涉及多个事项。④尊敬被调查者的隐私，避免提敏感性问题。⑤注意问题安排的顺序。一般要考虑问题间的逻辑性；先易后难，能引起被调查者兴趣的问题放前面；开放性问题放后面。⑥避免否定形式的提问。此外，问卷前的开场白也是必要的，一是说明调查目的，二是表示礼貌。（10 分）

2. 简评：本例的问卷设计简洁、明了，问题紧紧围绕调查目的展开，既有封闭性问题，也有开放性问题。整个问卷没有涉及被调查者的隐私性问题；在问题布局上，本着先易后难的原则安排，开放性问题放在问卷后面。综上所述，该问卷的设计是比较合理的。（10 分）

（二）1. 直接激励采用了优厚的价格折扣策略；间接激励主要体现在提供适销商品和一流的售后服务上。（10 分）

2. 企业对经销商进行间接激励，可采用以下方法：（10 分）

（1）帮助零售商做好零售终端管理；

（2）帮助经销商管理其客户往来；

（3）伙伴关系管理；

（4）帮助经销商建立进销存报表，做好安全库存数和先进先出库存管理。

（三）1. 属组织市场购买行为（或答产业市场购买行为）。

影响组织市场购买行为的因素主要包括：环境因素、组织因素、人际因素、个人因素。（10 分）

2. 撇脂定价法（或取脂定价法）。因为：①这种新产品科技含量高，竞争者不易进入；②符合绿色环保要求，附加价值高，采用高价策略能给人高档产品印象；③该产品专业性很强，是面向特定的顾客群的，主要属于集团购买（包括政府部门、商业公司等），可替代产品不多，因而价格的需求弹性不大。这些条件符合新商品采用撇脂定价法的原则。（10 分）

二、情景题

（四）1. 因为前一个推销员在推销过程中只重视做商品购买者与使用者的工作，却忽视了实际拥有商品决定权的老太太的作用，以致接待方法不当，丢了生意。后者则在没有弄清情况之前，不盲目做出判断，而是同时对两人开展推销攻势，随机应变，取得成功。(10 分)

2. 顾客资格审查包括三个方面：①是不是具有商品购买力；②是不是具有商品决定权；③是不是具有对商品的需求。(10 分)

（五）1. 这位推销员没有注意好必要的推销礼仪。推销员在推销活动时，必须认真注意礼仪问题，包括衣着、服饰整洁干净、无异味；仪容端庄，精神饱满；言语礼貌，举止大方，尊重客人的习俗，不犯社交禁忌等。(10 分)

2. ①强烈的敬业精神；②敏锐的观察力；③良好的服务态度；④说服顾客的能力；⑤广阔的知识面；⑥懂得推销礼仪。(10 分)

附录1：《营销师国家职业标准》

（2006年版）

中华人民共和国劳动和社会保障部制定

本标准自2006年1月17日起施行

（北京：中国劳动社会保障出版社，2006年8月第1版，2008年1月第2次印刷）

1. 职业概况

1.1　职业名称

营销师。

1.2　职业定义

从事市场调研、市场分析、营销策划、市场开拓、直接销售、客户管理等营销活动的人员。

1.3　职业等级

本职业共设五个等级，分别为：营销员（国家职业资格五级）、高级营销员（国家职业资格四级）、助理营销师（国家职业资格三级）、营销师（国家职业资格二级）、高级营销师（国家职业资格一级）。

1.4　职业环境

室内、外。

1.5　职业能力特征

思维敏捷，口齿清楚，具有一定的观察、判断、表达、应变及人际交往能力。

1.6　基本文化程度

高中毕业（含同等学历）。

1.7　培训要求

1.7.1　培训期限

全日制职业学校教育，根据其培养目标和教学计划确定。各级别晋级培训期限均不少于160标准学时。

1.7.2　培训教师

培训教师应熟练掌握系统的市场营销知识，具有一定的实际管理经验和丰富的教学经验，同时具有良好的语言表达能力和知识传授能力。

培训营销员、高级营销员的教师应取得营销师及以上职业资格证书或相关专业中级及以上专业技术职务任职资格；培训助理营销师、营销师的教师应取得高级营销师职业资格证书或相关专业高级专业技术职务任职资格；培训高级营销师的教师应取得本职业高级营销师职业资格证书3年以上或相关专业高级专业技术职务任职资格。

1.7.3 培训场地设备

配备必要的教学设备、设施，室内光线充足、通风、卫生条件良好的标准教室；能够满足教学要求的模拟或实际培训场地。

1.8 鉴定要求

1.8.1 适用对象

从事或准备从事本职业的人员。

1.8.2 申报条件

——营销员（具备以下条件之一者）

（1）连续从事本职业工作1年以上。

（2）具有中等职业学校本专业（职业）或相关专业毕业证书。

（3）经本职业营销员正规培训达规定标准学时数，并取得结业证书。

——高级营销员（具备以下条件之一者）

（1）连续从事本职业工作3年以上。

（2）连续从事本职业工作2年以上，经本职业高级营销员正规培训达规定标准学时数，并取得结业证书。

（3）取得本职业营销员职业资格证书后，连续从事本职业工作2年以上。

（4）取得本职业营销员职业资格证书后，连续从事本职业工作1年以上，经本职业高级营销员正规培训达规定标准学时数，并取得结业证书。

——助理营销师（具备以下条件之一者）

（1）连续从事本职业工作6年以上。

（2）具有以高级技能为培养目标的技工学校、技师学院和职业技术学院本专业或相关专业毕业证书。

（3）取得本职业高级营销员职业资格证书后，连续从事本职业工作4年以上。

（4）取得本职业高级营销员职业资格证书后，连续从事本职业工作3年以上，经本职业助理营销师正规培训达规定标准学时数，并取得结业证书。

（5）具有本专业或相关专业大学专科及以上学历。

（6）取得其他专业大学专科及以上学历证书后，连续从事本职业工作1年以上。

（7）取得其他专业大学专科及以上学历证书后，经本职业助理营销师正规培训达规定标准学时数，并取得结业证书。

——营销师（具备以下条件之一者）

（1）连续从事本职业工作13年以上。

（2）取得本职业助理营销师职业资格证书后，连续从事本职业工作5年以上。

（3）取得本职业助理营销师职业资格证书后，连续从事本职业工作4年以上，经本职业营销师正规培训达规定标准学时数，并取得结业证书。

（4）取得本专业或相关专业大学本科学历证书后，连续从事本职业工作5年以上。

（5）具有本专业或相关专业大学本科学历，取得本职业助理营销师职业资格证书后，连续从事本职业工作4年以上。

（6）具有本专业或相关专业大学本科学历，取得本职业助理营销师职业资格证书后，连续从事本职业工作3年以上，经本职业营销师正规培训达规定标准学时数，并取得结业证书。

（7）取得硕士研究生及以上学历证书后，连续从事本职业工作2年以上。

——高级营销师（具备以下条件之一者）

（1）连续从事本职业工作19年以上。

（2）取得本职业营销师职业资格证书后，连续从事本职业工作4年以上。

（3）取得本职业营销师职业资格证书后，连续从事本职业工作3年以上，经本职业高级营销师正规培训达规定标准学时数，并取得结业证书。

1.8.3　鉴定方式

分为理论知识考试和专业能力考核。理论知识考试和专业能力考核均采用闭卷笔试或者上机考试等方式。理论知识考试和专业能力考核均实行百分制，成绩皆达60分及以上者为合格。营销师、高级营销师还须进行综合评审。

1.8.4　考评人员与考生配比

理论知识考试和专业能力考核的考评人员与考生配比均为1:20，每个考场不少于2名考评人员；综合评审委员不少于3人。

1.8.5　鉴定时间

理论知识考试时间为90分钟；专业能力考核时间为120分钟；综合评审时间不少于30分钟。

1.8.6　鉴定场所设备

理论知识考试和专业技能考核均在标准教室进行，应配备必要的计算机及投影设备等。

2. 基本要求

2.1 职业道德

2.1.1 职业道德基本知识

2.1.2 职业守则

（1）热爱岗位，遵纪守法。

（2）讲求信誉，公平竞争。

（3）善待顾客，热情服务。

（4）注重调研，善于创新。

2.2 市场营销基础知识

2.2.1 市场营销基本理念

（1）市场与市场营销的含义。

（2）市场营销管理的实质与任务。

（3）市场营销管理哲学。

2.2.2 市场营销组合

（1）市场营销组合的内容。

（2）产品决策。

（3）定价决策。

（4）渠道决策。

（5）促销决策。

2.2.3 商务谈判基本知识

（1）商务谈判的成功模式。

（2）商务谈判心理。

（3）商务谈判思维。

（4）不同的谈判风格。

2.2.4 商务礼仪与营销道德

（1）社交的基本原则。

（2）基本社交礼仪。

（3）商务谈判礼仪。

（4）国际商务礼俗。

（5）营销道德的基本原则。

（6）市场营销道德与实践。

2.2.5　市场营销理论的新发展

（1）顾客让渡价值与顾客满意。

（2）关系营销。

（3）文化营销。

（4）服务营销。

（5）绿色营销。

（6）全球营销。

（7）电子商务。

（8）客户关系管理。

（9）交叉销售。

（10）数字化整合营销。

2.2.6　相关法律、法规知识

（1）《中华人民共和国合同法》相关知识。

（2）《中华人民共和国消费者权益保护法》相关知识。

（3）《中华人民共和国产品质量法》相关知识。

（4）《中华人民共和国票据法》相关知识。

（5）《中华人民共和国反不正当竞争法》相关知识。

（6）《中华人民共和国广告法》相关知识。

（7）《中华人民共和国价格法》相关知识。

（8）《中华人民共和国担保法》相关知识。

（9）《中华人民共和国商标法》相关知识。

（10）《中华人民共和国劳动法》相关知识。

（11）《直销管理条例》相关知识。

（12）《禁止传销条例》相关知识。

3. 工作要求

本标准对营销员、高级营销员、助理营销师、营销师和高级营销师各级别的能力要求依次递进，高级别涵盖低级别的要求。

3.1 营销员

职业功能	工作内容	能力要求	相关知识
一、市场分析	（一）市场调研	1. 能够采集商品、市场价格信息 2. 能够发放和回收调查问卷 3. 能够识读调研计划	1. 市场调查的种类 2. 市场调查的内容 3. 市场调查的步骤 4. 直接调查的方法
	（二）市场购买行为分析	1. 能够识别不同的购买者 2. 能够分析消费者购买行为的特征 3. 能够分析组织购买行为特征	1. 购买者的类别 2. 消费者购买行为的特征 3. 组织购买行为的特征
	（三）销售机会与威胁分析	1. 能够识别销售机会与销售威胁 2. 能够分析销售机会的种类	1. 销售机会与销售威胁的种类 2. 捕捉销售机会的技巧
二、营销策划	（一）制订销售计划	1. 能够确定自己的销售目标 2. 能够进行简单的销售预测 3. 能够进行市场细分	1. 销售计划的内涵 2. 简单的销售预测方法 3. 确定销售目标的主要方法 4. 市场细分知识
	（二）产品策划	1. 能够分析和评价产品组合 2. 能够进行企业产品的展示策划	1. 分析和评价产品组合的方法 2. 企业产品的展示策划知识
	（三）渠道策划	1. 能够选择经销商 2. 能够管理批发商和零售商	1. 如何选择经销商 2. 批发商和零售商管理
	（四）市场推广策划	1. 能够实施销售促进方案 2. 能够利用优待券、折价优待、集点优待、赠送样品和POP广告促销 3. 能够确定人际交往策略 4. 能够协助组织公关活动	1. 销售促进知识 2. 优待券促销知识 3. 折价优待促销知识 4. 集点优待促销知识 5. 赠送样品促销知识 6. POP广告促销知识 7. 组织公关活动知识

（续上表）

职业功能	工作内容	能力要求	相关知识
三、产品销售	（一）寻找与访问客户	1. 能够寻找潜在顾客名单 2. 能够合适地拜访客户 3. 能够恰当地介绍产品	1. 寻找潜在顾客的方法 2. 约见顾客的方法 3. 介绍产品的方法
	（二）商务洽谈	1. 能够选择报价的时机 2. 能够正确报价 3. 能够与顾客友好沟通 4. 能够正确运用常见谈判技巧	1. 报价的原则 2. 报价的技巧与方法 3. 常见谈判技巧
	（三）试行订约	1. 能够识别客户异议 2. 能够正确处理常见顾客异议 3. 能够识别购买信号	1. 顾客异议的类型 2. 处理异议的方法 3. 购买信号类型
	（四）货品管理	1. 能够进行商品分类 2. 能够做好订货管理、发货管理与退货管理 3. 能够正确选择运输方式与工具 4. 能够进行销售终端陈列管理	1. 商品分类知识 2. 订货管理知识 3. 发货管理知识 4. 退货管理知识 5. 商品运输管理知识 6. 销售终端陈列管理知识
四、客户管理	（一）客户服务管理	1. 能够对客户服务进行分类 2. 能够提供周到的客户服务	1. 客户服务的种类 2. 售前、售中、售后服务知识
	（二）客户信用管理	1. 能够计算应收账款 2. 能够催收应收账款 3. 能够运用讨债策略进行讨债	1. 信用管理的相关概念 2. 应收账款统计知识 3. 应收账款管理知识 4. 讨债策略
	（三）客户关系管理	1. 能够建立客户档案 2. 能够进行客户筛选 3. 能够运用 ABC 法管理客户	1. 客户档案知识 2. 客户筛选知识 3. ABC 分析法

3.2 高级营销员

职业功能	工作内容	能力要求	相关知识
一、市场分析	（一）市场调研	1. 能够进行实地调查 2. 能够汇总市场调查资料 3. 能够对调查资料进行简单的分类	1. 实地调查的基本方法 2. 资料的简单归类 3. 资料的简单分析
	（二）市场购买行为分析	1. 能够归纳不同类购买者的购买行为类型 2. 能够针对不同类购买者的购买行为类型提出不同的营销对策	1. 消费者够买行为类型 2. 产业购买行为类型 3. 中间商购买行为类型
二、营销策划	（一）制定区域市场计划	1. 能够选择目标市场 2. 能够划分销售区域 3. 能够设计销售组织结构 4. 能够拟定销售区域作战方略 5. 能够进行销售区域的时间管理	1. 目标市场选择知识 2. 划分销售区域的步骤 3. 销售组织结构类型 4. 销售区域作战方略 5. 销售区域的时间管理
	（二）产品策划	1. 能够判断产品所处的生命周期阶段 2. 能够提出相应的营销对策	1. 产品生命周期的知识 2. 产品生命周期各阶段的营销对策
	（三）渠道策划	1. 能够选择渠道模式 2. 能够管理渠道流程	1. 渠道模式知识 2. 渠道流程知识
	（四）市场推广策划	1. 能够协助制定销售促进策略 2. 能够事实销售促进策略 3. 能够协助制定公共关系策略 4. 能够选择公共关系活动模式 5. 能够确定公关的对象	1. 销售促进策略 2. 公共关系策略 3. 公共关系活动模式 4. 公关对象选择的知识

（续上表）

职业功能	工作内容	能力要求	相关知识
三、产品销售	（一）拜访与接近顾客	1. 能够拟定拜访计划 2. 能够接近潜在顾客 3. 能够认定顾客资格	1. 拜访计划的内容 2. 接近顾客的方法 3. MAN 法则
	（二）商务洽谈	1. 能够对报价做出解释 2. 能够判断对方的报价意图 3. 能够运用让步策略进行讨价还价 4. 能够分析谈判僵局的原因 5. 能够制定突破谈判僵局的策略 6. 能够正确运用常见谈判策略	1. 报价解释的原则 2. 对待对方报价的策略 3. 常见的理想让步策略 4. 僵局的成因分析知识 5. 突破僵局的策略与技巧 6. 常见谈判策略
	（三）试行订约	1. 能够分析客户异议的原因 2. 能够正确把握与创造成交机会 3. 能够建议客户签订购买合同	1. 客户异议的原因 2. 建议成交的策略
	（四）货品管理	1. 能够正确运用订单的报价方式 2. 能够进行订单的流程管理 3. 能够选择与确定商品包装种类 4. 能够管理销售终端业务	1. 订单的报价方式 2. 订单的管理流程 3. 商品包装知识 4. 销售终端业务管理知识
四、客户管理	（一）客户服务管理	1. 能够做好售前、售中、售后服务 2. 能够评价服务质量 3. 能够采取提高服务质量的措施	1. 客户服务的内容 2. 影响服务质量的差距分析 3. 提高服务质量的方法
	（二）客户信用管理	1. 能够调查客户信用情况 2. 能够制定讨债策略	1. 客户信用调查分析的方法 2. 讨债策略与技巧
	（三）客户关系管理	1. 能够进行客户分析与组合 2. 能够区分不同的客户投诉 3. 能够提出处理客户投诉的建议	1. 客户分析与组合策略 2. 客户投诉的内容 3. 处理客户投诉的方法

3.3 助理营销师

职业功能	工作内容	能力要求	相关知识
一、市场分析	（一）市场调研	1. 能够收集二手资料 2. 能够设计市场调查问卷 3. 能够进行抽样调查	1. 间接资料调查方法 2. 市场调查问卷设计方法 3. 抽样调查知识
	（二）市场购买行为分析	1. 能够分析消费者与产业购买决策过程 2. 能够针对不同购买决策过程阶段提出不同的营销对策	1. 消费者购买决策过程 2. 产业购买决策过程 3. 中间商和政府购买决策
二、营销策划	（一）制订销售计划	1. 能够编制销售计划 2. 能够确定与分配销售配额 3. 能够编制销售预算 4. 能够进行销售活动分析	1. 销售计划体系的内容 2. 销售配额知识 3. 销售预算知识 4. 销售活动分析的方法
	（二）产品策划	1. 能够提出新产品开发建议 2. 能够分析新产品采用者类型 3. 能够提出调整产品价格的建议	1. 新产品的类型 2. 新产品采用者类型 3. 新产品扩散知识 4. 定价策略与技巧的知识
	（三）渠道策划	1. 能够选择不同的销售代理方式 2. 能够根据要求选择、管理代理商 3. 能够设计和运作连锁经营体系	1. 销售代理的选择知识 2. 销售代理商的管理 3. 连锁精英管理知识
	（四）市场推广策划	1. 能够策划销售促进活动 2. 能够制定广告策略 3. 能够策划公共宣传活动 4. 能够建立与媒体的联系	1. 销售促进策划知识 2. 广告策略 3. 公共宣传活动策划知识 4. 与媒体保持联系的原则
	（五）网络营销策划	1. 能够在互联网上与客户进行交流 2. 能够利用电子邮件进行营销 3. 能够利用互联网收集信息	1. 网络客户监控知识 2. 电子邮件营销知识 3. 互联网络调研知识

(续上表)

职业功能	工作内容	能力要求	相关知识
三、产品销售	(一)访问顾客	1. 能够分析顾客购买心理 2. 能够根据顾客心态进行推销 3. 能够接近潜在顾客 4. 能够引起顾客兴趣 5. 能够激发顾客购买欲望	1. 顾客心理类型 2. 销售方格与顾客方格 3. 拜访顾客的方法 4. 产品介绍知识 5. 激发购买欲望知识
	(二)商务洽谈	1. 能够制定让步策略 2. 能够分析各种商务风险 3. 能够控制谈判进程 4. 能够分析合同纠纷产生的原因 5. 能够进行合同纠纷的谈判 6. 能够正确运用常见谈判策略和技巧	1. 让步策略 2. 阻止对方进攻的策略 3. 商务风险的预测与控制知识 4. 回避商务风险的措施 5. 驾驭谈判进程的知识 6. 合同纠纷谈判的知识 7. 常见谈判策略与技巧
	(三)试行订约	1. 能够处理客户异议 2. 能够寻找合适的时机提出成交建议 3. 能够增减或修改合同条款	1. 处理客户异议的程序 2. 提出成交建议的方法 3. 签订合同的知识
	(四)货品管理	1. 能够制定订购决策 2. 能够选择商品检测的方法 3. 能够做好销售终端管理	1. 订购决策知识 2. 商品检测的方法 3. 销售终端管理知识
四、客户管理	(一)客户服务管理	1. 能够评价服务质量 2. 能够采取措施提高服务质量	1. 服务质量的评价标准 2. 提高服务质量的方法
	(二)客户信用管理	1. 能够确定信用管理的目标 2. 能够制定信用政策 3. 能够选择追账策略	1. 信用管理的目标 2. 信用政策的主要内容 3. 追账策略
	(三)客户关系管理	1. 能够选择分销商 2. 能够激励中间商客户 3. 能够处理窜货问题	1. 选择分销商的知识 2. 激励中间商客户知识 3. 窜货管理知识

（续上表）

职业功能	工作内容	能力要求	相关知识
五、团队建设	（一）界定销售人员	1. 能够明确销售人员的职责 2. 能够制定人员销售决策	1. 销售人员的职责 2. 人员销售决策的内容
	（二）招聘销售人员	1. 能够选择企业招聘的途径 2. 能够进行网络招聘 3. 能够利用报纸进行招聘	1. 企业招聘的途径 2. 网络招聘知识 3. 报纸招聘知识 4. 招聘工作要点
	（三）销售人员培训	1. 能够分析培训需求 2. 能够制定与实施培训计划 3. 能够评估培训效果 4. 能够组织销售会议	1. 分析培训需求知识 2. 制订与实施培训计划知识 3. 评估培训效果知识 4. 组织销售会议知识
	（四）建立销售制度	1. 能够推行销售制度管理 2. 能够建立营销管理基本制度	1. 销售制度管理知识 2. 营销管理基本制度

3.4　营销师

职业功能	工作内容	能力要求	相关知识
一、市场分析	（一）市场调研	1. 能够拟定市场调研计划 2. 能够组织实施市场调研活动 3. 能够撰写市场调研报告 4. 能够测算总市场潜量和区域市场潜量	1. 制订调研计划的知识 2. 组织市场调研活动的知识 3. 总市场潜量和区域市场潜量含义
	（二）市场营销环境分析	1. 能够综合分析国内市场行情 2. 能够分析市场营销宏观环境、微观环境给企业带来的机会与威胁 3. 能够根据机会与威胁提出相应的对策	1. 市场营销环境分析的知识 2. 国内市场行情分析的知识

（续上表）

职业功能	工作内容	能力要求	相关知识
二、营销策划	（一）制订销售计划	1. 能够制订市场营销计划 2. 能够对产品进行市场定位	1. 市场营销计划的内容 2. 市场定位的知识
	（二）产品策划	1. 能够提出新产品创意 2. 能够设计包装策略 3. 能够计算与分析需求弹性 4. 能够制定产品价格	1. 新产品开发知识 2. 包装策略知识 3. 需求弹性与定价方法的知识
	（三）渠道策划	1. 能够设计分销渠道的长度、宽度和广度 2. 能够制定基本渠道政策 3. 能够制定物流计划	1. 销售分销渠道的知识 2. 渠道政策的内容 3. 物流计划的内容
	（四）市场推广策划	1. 能够进行广告促销策划 2. 能够寻找广告代理 3. 能够策划公共宣传活动 4. 能够进行危机公关 5. 能够撰写公共宣传新闻稿	1. 广告促销策划的内容 2. 广告代理的知识 3. 公共宣传活动策划的知识 4. 危机公关的知识 5. 公共宣传新闻稿的知识
	（五）网络营销策划	1. 能够对营销网页设计提出要求 2. 能够利用互联网络进行市场推广 3. 能够确定网络营销组合策略	1. 企业站点知识 2. 网页设计知识 3. 网络推广知识 4. 网络营销组合知识
三、客户管理	（一）客户服务管理	1. 能够进行服务质量的测评 2. 能够制定服务营销策略	1. 服务质量测评的知识 2. 服务营销组合的知识
	（二）客户信用管理	1. 能够规划信用销售业务流程 2. 能够进行应收账款管理 3. 能够合理应用信用政策	1. 信用销售业务流程规划知识 2. 应收账款管理知识 3. 信用政策知识
	（三）渠道成员管理	1. 能够设计中间商客户的绩效评估指标体系 2. 能够提出渠道改进策略 3. 能够协调渠道成员之间的冲突	1. 中间商客户的绩效评估知识 2. 渠道改进策略 3. 渠道冲突管理的知识

（续上表）

职业功能	工作内容	能力要求	相关知识
四、团队建设	（一）激励销售人员	1. 能够制订竞赛激励计划 2. 能够激励不同类型的销售人员	1. 竞赛激励的方式 2. 激励不同类型销售人员的方法 3. 成功销售代表的特质 4. 成功销售主管的特质
	（二）销售人员的绩效考核	1. 能够搜集考核资料、建立绩效标准、选择考核方法 2. 能够计算与分析销售效率	1. 绩效评估知识 2. 销售效率计算方法 3. 销售效率图

3.5 高级营销师

职业功能	工作内容	能力要求	相关知识
一、市场分析	（一）市场调研	1. 能够做出何时、何地对何种产品进行市场调查的决策 2. 能够进行市场行情预测	1. 市场预测决策知识 2. 市场预测的步骤与方法
	（二）国际市场分析	1. 能够对国际经济形势、行业状况和商品供求进行综合分析 2. 能够对生产发展趋势进行预测	1. 宏观经济与产业政策和知识 2. 国际营销环境知识
二、营销策划	（一）制定销售规划	1. 能够分析现有业务 2. 能够编制现有业务组合计划 3. 能够编制新业务发展计划 4. 能够设计市场营销组织 5. 能够提出市场营销活动的控制方案	1. 现有业务的分析方法 2. 新业务计划的编制方法 3. 市场营销组织的设计知识 4. 市场营销控制的方法
	（二）产品策划	1. 能够进行品牌形象设计 2. 能够制定并实施品牌策略 3. 能够根据市场情况调整产品价格	1. 品牌与商标知识 2. 品牌设计的原则与方法 3. 品牌策略知识 4. 主动与应对变价知识

（续上表）

职业功能	工作内容	能力要求	相关知识
	（三）渠道策划	1. 能够制定分销渠道战略 2. 能够设计与管理特许经营体系 3. 能够设计国际分销渠道模式 4. 能够进行渠道整合	1. 分销渠道战略知识 2. 特许经营体系知识 3. 国际分销渠道知识 4. 渠道整合知识
	（四）市场推广策划	1. 能够制订市场推广计划 2. 能够制定广告促销决策 3. 能够制定公共宣传决策 4. 能够制定直复营销决策	1. 市场推广计划知识 2. 广告促销决策知识 3. 公共宣传决策知识 4. 直复营销决策知识
	（五）网络营销策划	1. 能够制订企业站点规划 2. 能够进行域名注册 3. 能够制定在线价格策略 4. 能够制定网际销售促进策略	1. 企业站点规划知识 2. 域名注册知识 3. 在线价格策略知识 4. 网际销售促进策略知识 5. 网络安全知识
三、客户管理	（一）客户服务管理	1. 能够评价与监控服务质量 2. 能够设计顾客满意度调查表 3. 能够确定顾客忠诚度的衡量标准	1. 评价与监控服务质量的知识 2. 衡量顾客满意度的知识 3. 顾客忠诚度管理知识
	（二）客户信用管理	1. 能够全面调查客户资信 2. 能够确定客户信用等级评估指标 3. 能够审定客户信用限度	1. 客户资信调查与分析的知识 2. 客户风险分类方法
	（三）客户关系管理	1. 能够设计客户关系管理系统 2. 能够建立与管理战略联盟	1. 客户关系管理系统知识 2. 产销战略联盟知识 3. 战略联盟管理知识
	（四）商务谈判的组织与管理	1. 能够制订切实可行的谈判方案 2. 能够组织谈判活动	1. 谈判人员组合的知识 2. 谈判现场布置的知识 3. 谈判活动管理的知识

（续上表）

职业功能	工作内容	能力要求	相关知识
四、团队建设	（一）制定销售人员战略规划	能够制订销售人员战略规划	销售人员战略规划的方法
	（二）甄选销售人员	1. 能够提出招聘销售人员的要求 2. 能够面试、选拔销售人员	1. 招聘程序 2. 面试与选拔销售人员知识
	（三）激励销售人员	能够选择激励销售人员方式	1. 激励原理 2. 激励销售人员方式
	（四）建立销售人员薪酬制度	能够制定合理的薪酬销售人员制度	1. 薪酬知识 2. 销售人员薪酬制度的制定方法

4. 比重表

4.1 理论知识

项目		营销员（%）	高级营销员（%）	助理营销师（%）	营销师（%）	高级营销师（%）
基本要求	职业道德	10	10	10	10	10
	基础知识	25	25	20	20	20
相关知识	市场分析	10	10	10	15	10
	营销策划	20	20	25	25	30
	产品销售	25	25	20	—	—
	客户管理	10	10	10	20	15
	团队建设	—	—	5	10	15
合计		100	100	100	100	100

4.2 专业能力

项目		营销员（%）	高级营销员（%）	助理营销师（%）	营销师（%）	高级营销师（%）
能力要求	市场分析	20	20	20	25	25
	营销策划	25	25	30	35	40
	产品销售	35	35	20	—	—
	客户管理	20	20	20	25	20
	团队建设	—	—	10	15	15
合计		100	100	100	100	100

附录2：职业资格鉴定国家题库
营销师国家职业资格三级理论试题

（2008年5月）

第一部分　职业道德

（1～25题，共25题）

一、职业道德基础与知识部分（第1～16题）

答题指导：该部分均为选择题，每题均有四个备选项，其中单项选择题只有一个选项是正确的，多项选择题有两个或两个以上选项是正确的。请根据题意的内容和要求答题，并在答题上将所选答案的相应字母涂黑。错选、少选、多选，则该题均不得分。

（一）单项选择（第1～8题，每题1分，共8分。）

1. 与法律相比，道德的（　　）。

A. 时效性差　　B. 作用力度强

C. 操作性强　　D. 适用范围广

2. 下列关于职业道德的说法中，你认为正确的是（　　）。

A. 有职业道德的人一定能够胜任工作

B. 没有职业道德的人干不好任何工作

C. 职业道德有时起作用，有时不起作用

D. 职业道德无关紧要，可有可无

3. 下列说法中，包含着创新思想的是（　　）。

A. “与时俱进”　　B. “礼之用，和为贵”

C. “民为邦本，本固邦宁”　　D. “见利思义”

4. 正确的义利观，在现实条件下的选择是（　　）。

A. 见得思己　　B. 见得思义

C. 嘴上讲义，行动上讲利　　D. 行小义，得大利

5. 关于遵纪守法，你认为正确的说法是（　　）。

A. 只要品德端正，学不学法无所谓

B. 金钱对人的诱惑力要大于法纪对人的约束力
C. 法律是由人执行的，执行时不能不考虑人情和权力等因素
D. 遵纪守法与职业道德要求具有一致性

6. 你认为，庖丁解牛的故事说明了（　　）。
A. 要像庖丁那样娴熟掌握杀牛的技能
B. 庖丁有很好的职业道德
C. 从事事业只要诚敬专一，就能把工作做好
D. 结交朋友，要深入了解对方

7. 关于诚实与守信关系说法正确的是（　　）。
A. 诚实是守信的思想基础　B. 守信是诚实的思想基础
C. 守信是诚实的内存内容　D. 诚实是守信的外在表现

8. “一个好汉三个帮，一个篱笆三个桩”说明了（　　）。
A. 勇于创新是成功的重要条件　B. 团结协作是成功的保证
C. 勤劳节俭是重要社会美德　D. 诚实守信是为人之本

（二）多项选择（第9～16题，每题1分，共8分。）

9. 在实际工作中，践行诚信职业道德规范，必须（　　）。
A. 顾及各方面的关系　B. 正确对待利益问题
C. 既不欺人也不自欺　D. 视服务对象而定

10. 以下关于勤劳节俭的说法中，你认为正确的是（　　）。
A. 勤劳节俭仅仅是中华民族的传统美德
B. 勤劳节俭与扩大消费者相矛盾
C. 勤劳节俭有利于增产增收
D. 勤劳节俭有利于防止腐败

11. 关于职业责任，下列说法中正确的是（　　）。
A. 是否具有职业道德是从业人员道德水平高低的体现
B. 职业责任与物质利益存在直接关系
C. 社会和企事业运用法律和纪律的手段
D. 职业责任是个中性概念，并不涉及道德问题

12. 下列关于诚实守信的说法中，你认为正确的有（　　）。
A. 诚实守信是企业的无形资本
B. 诚实守信是社会主义市场经济的内存要求
C. 诚实守信的企业最终能够取信于社会
D. 诚实守信任何时候都与企业发展目标冲突

13. 在没有客人时，下列做法中符合商场服务人员站姿要求的是（　　）。

A. 两手下垂　　B. 目视前方

C. 叉腰而立　　D. 活动身体

14. 关于从业人员办事公道的说法中，正确的是（　　）。

A. 坚持真理是从业人员办事公道的内存要求

B. 办事公道特指有权人而言，一般从业人员不存在这一问题

C. 从业活动中关照亲友乃人之常情，与办事公道要求不矛盾

D. 办事公道涉及服务对象的人格尊严和实际利益

15. 下列说法中，属于服务“忌语”的是（　　）。

A. 报刊部营业员：“如果您不买，就别看了！”

B. 售楼店营业员：“您到底要哪种款式，想好了没有？”

C. 售楼处营业员：“您到后面排队等候，一个一个来。”

D. 酒店服务员：“这事我管不了，请您问别人吧！”

16. 下列关于职业道德的说法中，正确的是（　　）。

A. 个人行为习惯与职业道德没有联系

B. 职业道德的养成只能靠教化

C. 加强职业的修养是个人事业成功的基本前提

D. 职业道德从一个侧面反映人的道德素质

二、职业道德个人表现部分（第17~25题）

答题指导：该部分均为选择题，每题均有四个备选项。请按照题意要求，根据自己的实际情况只选择其中一个选项。并在答题卡上将所选择答案的相应字母涂黑。

离散选择（第17~25题，每题1分，共9分。）

17. 如果领导给你一项从来没有做过的工作，你会（　　）。

A. 担心地接受　　B. 兴奋地接受

C. 焦虑地接受　　D. 平静地接受

18. 讨论会上，你的观点与大多数人矛盾，但你又坚信自己的观点是正确的。这时，你通常会（　　）。

A. 觉得真理掌握在大多数人手中，而否定自己的观点

B. 据理力争，希望别人能认可你的观点

C. 公开表达自己的观点，但不勉强别人同意

D. 为防止别人把矛头指向自己，不公开表达自己的观点

19. 如果领导出差，同事们没到下班时间便离开办公室，此时，你会（　　）。

A. 与大家一起　　B. 自己留下直到下班时间再走

C. 劝大家别早走　　D. 领导出差回来后，告诉他这件事

20. 你觉得以前上学时用过的书，最好的处理方式是（　　）。

A. 当作二手书卖给需要它们的人

B. 当作废品卖钱，以便购买新书

C. 送给别人，让它们发挥余热

D. 留起来，将来想看的时候还可以翻翻

21. 如果有重新选择职业的可能，（　　）。

A. 我肯定还会选择现在的单位

B. 我基本上还会选择现在的单位

C. 我会重新选择

D. 我不会再选择现在这个单位

22. 你认为丛飞帮助孩子上学的事迹说明（　　）。

A. 没必要，也不是他的孩子

B. 他高尚的人格值得学习

C. 有必要，这给很多人提供了机会

D. 与我无关，不愿作评价

23. 如果朋友约好了一起出去郊游，一个朋友临时有事去不了，我会（　　）。

A. 生气

B. 认为他（她）一定有急事，不行就下次再一起去吧

C. 觉得遗憾

D. 觉得无所谓，什么都不想

24. 假如你带孩子看足球比赛，你注重让孩子（　　）。

A. 欣赏球员高超的球技　　B. 为自己国家的球队加油助威

C. 尝试学习球员的动作和技巧　　D. 感受篮球比赛的激烈程度

25. 在生活中经受挫折，打击或遇到困难时，你通常会（　　）。

A. 用抽烟、喝酒、吃东西等来减轻烦恼

B. 找朋友交谈，倾诉内心烦恼

C. 改变自己的想法，尽量看到事物好的一面

D. 接受现实，因为没有其他办法

第二部分 理论知识

（第26～125题，共100道题，满分为100分）

一、单项选择（第26～85题，每题1分，共60分。）

26. 考虑是月返、季返还是年返，应根据产品特性、货物流转周期而定的是要求制定返利政策考虑（　　）的实例。

A. 返利的标准　　B. 返利的时间

C. 返利的形式　　D. 返利的附属条件

27.（　　）在注意与对方人际关系的同时，建议和要求谈判双方尊重对方的基本需求，寻求双方利益上的共同点，积极设想各种使双方都有所获的方案。

A. 价值型谈判　　B. 软型谈判

C. 价格型谈判　　D. 硬型谈判

28.（　　）是指在谈判中，故意搅乱正常的谈判秩序，将许多问题一股脑儿地摊到桌面上，使人难以应付，以达到使对方慌乱失误的目的。这也是在业务谈判中比较流行的一种策略。

A. 浑水摸鱼策略　　B. 疲劳轰炸策略

C. 化整为零策略　　D. 大智若愚策略

29. 谈判礼仪中，女性选择首饰的原则是（　　）。

A. 不戴不行　　B. 同质同色

C. 色彩多样　　D. 异质同色

30. 直接邀请政界要人、商界巨人、体育健将、演员、歌星、名模等社会各界明星来进行广告宣传，这是广告的（　　）。

A. 直接的方式　　B. 先入为主的方式

C. 喧宾夺主的方式　　D. 间接的方式

31.（　　）顾客注重销售和商品的完美结合。

A. 寻求答案型　　B 软心肠型

C. 防卫型　　D. 干练型

32.（　　）是在多长时间内给予客户折扣优惠。

A. 折扣期限　　B. 折现率

C. 折扣率　　D. 折扣地点

33. 如果调查人员为了获得二手资料而要付出大量的人力、物力和财力，我们也许会不利用二手资料。这体现着调查人员在利用二手资料时遵循着（　　）。

A. 相关性原则　　B. 时效性原则

C. 系统性原则　　　　D. 经济效益原则

34.（　　）是指厂家将自己的技术、商标、品牌授予其他厂家使用，技术受让厂家使用其技术制造产品，并可以该厂品牌、商标销售产品，原厂家收取权利转让费。

A. 厂商向代理商技术授权

B. 厂商与代理商相互参股

C. 金钱激励

D. 厂商最终将代理商变为自营销售部门

35.（　　）的作用决定了人员销售决策在企业整个营销管理决策中的地位和作用。

A. 销售人员　　　　B. 财务人员

C. 出纳人员　　　　D. 经理

36.（　　）是一种由受训人员亲自参与并具有一定实战感的培训方法，为越来越多的企业所采用。

A. 课堂培训法　　　　B. 会议培训法

C. 实地培训法　　　　D. 模拟培训法

37. 将调查总体各单位的名称或号码逐个写在签条或卡片上，放在箱中，打乱次序，拌和均匀，然后按抽签办法，不加任何选择地在全部签条或卡片中随机抽出所需的调查样本，这是（　　）。

A. 抽签法　　　　B. 随机数表法

C. 分层随机抽样　　　　D. 分群随机抽样法

38. 根据市场营销学原理，促销的实质是（　　）。

A. 推销　　　　B. 营销

C. 沟通　　　　D. 销售

39. 厂商委托中间商以其名义销售货物，盈亏由厂商自行负责，中间商只收取佣金报酬，这种销售方式叫做（　　）。

A. 代销　　　　B. 销售代理

C. 经纪　　　　D. 经销

40.（　　）是最常用、最重要的配额，一般用销售额来表示，用销售量单位数表示的情况比较少。

A. 销售量配额　　　　B. 财务配额

C. 销售活动配额　　　　D. 综合配额

41. 卖主先出低价来引起买主的兴趣，再假装发现一个错误，撤回低价，这属于（　　）方法。

A. 错误试探　　B. 仲裁试探

C. 替代试探　　D. 开价试探

42. 异地追账不宜采用（　　）。

A. 函电追账　　B. 诉讼追账

C. 面访追账　　D. “IT”追账

43. 谈判人员所无法控制的风险因素，它们既难以预测，又难以对付，使谈判人员只能做出被动的滞后反应，这种情况人们称之为（　　）。

A. 谈判中的非人员风险　　B. 谈判中的非风险

C. 货物风险　　D. 谈判中的人员风险

44. 分销渠道是指（　　）。

A. 分销商的总和

B. 零售商的总和

C. 产品或服务从生产者向消费者转移过程中，所经过的、由各中间环节所联结而成的路径

D. 分销商和零售商的总和

45. “存货有限，欲购从速”，“三周年店庆，降价三天”等广告，都是典型的（　　）实例。

A. 限期成交法　　B. 从众成交法

C. 保证成交法　　D. 优惠成交法

46.（　　）是指销售人员通过引发顾客的好奇心来接近顾客的方法。

A. 好奇接近法　　B. 求教接近法

C. 问题接近法　　D. 调查接近法

47. 开业典礼、周年纪念日、产品获奖、新产品试制成功等，运用了公共宣传活动中的（　　）形式。

A. 新闻发布会　　B. 赞助活动

C. 特殊纪念活动　　D. 展览会或展销会

48.（　　）是分配给销售人员在一定时期内完成的销售任务，是销售人员需努力实现的销售目标。

A. 促销计划　　B. 销售计划

C. 销售配额　　D. 广告计划

49. 在正式的谈判之前，（　　）应主动通知对方洽谈举行的时间、地点、具体安排以及有关注意事项，让对方心中有数，以便为洽谈进行相应的准备。

A. 东道主　　B. 中间人

C. 被邀者　　D. 主持人

50.（　　）是企业同意向客户提供商业信用而提出的基本要求，通常以预期的 DSO 和坏账损失率作为判别标准。

A. 信用标准　　B. 信用条件

C. 信用额度　　D. 收账政策

51. 对经销商而言最重要的是（　　）。

A. 客户　　B. 制造商

C. 政府　　D. 竞争者

52.（　　）是一种以书面形式了解被调查对象的反应和看法，并以此获得资料和信息的载体。

A. 问卷　　B. 深度访谈

C. 抽样　　D. 实验控制

53.（　　）是最普通、最常用的一种评估销售促进方法。

A. 销售绩效分析　　B. 消费者固定样本数据分析

C. 消费者调查　　D. 实验研究

54.（　　）是指人们在特定的职业活动中形成的文明规定的语言标准或规则。

A. 职业规范　　B. 仪表端庄

C. 仪表仪态　　D. 语言规范

55. 在一些市场调查中，比如在对调查的总体不甚了解，或者调查的总体过分庞杂时，往往采用（　　）抽取样本。

A. 随机抽样　　B. 任意抽样

C. 非随机抽样　　D. 等距抽样

56. 商务谈判中最敏感、最艰难的谈判是（　　）。

A. 议程谈判　　B. 价值谈判

C. 目的谈判　　D. 价格谈判

57. 现代市场营销学理论研究的主要对象是（　　）。

A. 消费者市场　　B. 组织市场

C. 中间商市场　　D. 产业市场

58. 分销渠道的起点是（　　）。

A. 生产者　　B. 批发商

C. 代理商　　D. 中介机构

59. 与人交往时喜欢表现自己，突出自己，不喜欢听别人劝说，任性且嫉妒心较重，这类顾客属于（　　）。

A. 虚荣型　　B. 好斗型

C. 顽固型　　D. 怀疑型

60. 非常重视与销售人员良好的人际关系，不大关心购买商品本身，这种顾客属于（　　）。

A. 漠不关心型　　B. 软心肠型

C. 防卫型　　D. 干练型

61. 债权人按照合同约定占有债务人的动产，债务人不按照合同约定的期限履行债务的，债权人有权依照《担保法》规定留置该财产，以该财产折价或者以拍卖、变卖该财产的价款优先受偿。该担保方式属于（　　）。

A. 抵押　　B. 质押

C. 留置　　D. 定金

62. 在谈判过程中，注意使自己的态度保持在不冷不热、不紧不慢的地步，这是在运用（　　）。

A. 红脸白脸策略　　B. 欲擒故纵策略

C. 抛放低球策略　　D. 旁敲侧击策略

63. 按照商品流通的顺序可将市场划分为（　　）。

A. 一般商品市场和特殊商品市场　　B. 现货市场和期货市场

C. 批发市场和零售市场　　D. 消费者市场和组织市场

64.（　　）是销售人员向顾客提供几种可供选择的购买方案来促成交易的策略。

A. 请求成交法　　B. 局部成交法

C. 假定成交法　　D. 选择成交法

65.（　　）营销可以作为网络营销测试的重要方法。

A. 电子邮件　　B. 直接

C. 网络　　D. 直复

66. 刊登的广告文词上载明企业名称及职位、应聘者须具备的条件，甚至说明条件不适者请勿前来应聘，这是（　　）。

A. 培训式招聘广告　　B. 表明式招聘广告

C. 销售式招聘广告　　D. 隐蔽式招聘广告

67. 当总体中的调查单位特性有明显差异时，可以采用（　　）。

A. 简单随机抽样法　　B. 等距抽样法

C. 分层随机抽样法　　D. 分群随机抽样法

68. 通过定期拜访，帮助零售商整理货架，设计商品陈列等是间接激励中的（　　）方法。

A. 帮助经销商建立进销存报表，做安全库存数和先进先出库存管理

B. 帮助零售商进行零售终端管理

C. 帮助经销商管理其客户网来加强经销商的销售管理工作

D. 伙伴关系管理

69. （　　）是指同一种商品中，不同档次之间的价格差额。

A. 品种差价　　B. 规格差价

C. 档次差价　　D. 式样差价

70. （　　）又叫小点成交法，是销售人员利用局部成交来促成整体成交的一种策略。

A. 请求成交法　　B. 局部成交法

C. 假定成交法　　D. 选择成交法

71. 英国一家刀片公司的广告是："我公司的刀片十分锋利，经久耐用。缺点是：易生锈，用后需擦干保存，才能久放。"这是一种逆反心理广告的（　　）方式。

A. 以长托短　　B. 以短比短

C. 以短揭长　　D. 以长托长

72. 下列四种促销手段中，（　　）是介绍新产品最有效也最昂贵的方法。

A. 免费样品　　B. 优惠券

C. 现金折扣　　D. 竞赛

73. 销售计划的中心是（　　）。

A. 销售收入计划　　B. 销售成本计划

C. 销售费用计划　　D. 销售利润计划

74. 若公司的高阶层对第一线了如指掌，而位处组织末梢的销售人员也深深信赖高阶层者，我们可以采用销售计划方式中的（　　）。

A. 分配方式　　B. 发散方式

C. 上行方式　　D. 水平方式

75. 通过（　　）方法使问题得到恰当的解决，是合同管理机关解决经济合同纠纷的基本方法。

A. 协商　　B. 仲裁

C. 审理　　D. 调解

76. 政府机构及经济管理部门的有关方针、政策、法令、经济公报、统计公报等属于（　　）。

A. 内部资料来源　　B. 电子资料来源

C. 直接资料来源　　D. 外部资料来源

77. 服务营销的核心理念是（　　）。

A. 研究如何促进作为产品的服务的交换

B. 顾客满意和顾客忠诚，通过取得顾客的满意和忠诚来促进相互有利的交换，最终实现营销绩效的改进和企业的长期成长

C. 研究如何利用服务作为一种营销工具促进有形产品的交换

D. 将服务用于出售或者是同产品连在一起进行出售

78. （　　）又称信用限额，也是企业信用政策的一个组成部分。

A. 信用标准　　B. 信用条件

C. 信用额度　　D. 收账政策

79. （　　）是指在接到顾客购买信号后，用明确的语言向顾客直接提出购买建议，以求适时成交的方法。

A. 请求成交法　　B. 局部成交法

C. 假定成交法　　D. 选择成交法

80. 下列封闭问句的提问方法属于（　　）。

"在未来三年内，你是否准备买车？a. 是　b. 否"

A. 二项选择法　　B. 多项选择法

C. 程度尺度法　　D. 顺序选择法

81. （　　）就是企业把全国（或某些地区）分为若干价格区，对于卖给不同价格区顾客的某种产品，分别制定不同的地区价格。

A. FOB　Origin　　B. 统一交货定价

C. 分区定价　　D. 基点定价

82. 在影响产业购买者做出购买决策的一系列因素中，一个国家的经济前景、市场竞争、政治法律等情况属于（　　）。

A. 环境因素　　B. 人际因素

C. 个人因素　　D. 组织因素

83. 在和对方吃饭的时候趁机说出己方的一些要求，这是运用（　　）。

A. 红脸白脸策略　　B. 欲擒故纵策略

C. 抛放低球策略　　D. 旁敲侧击策略

84. （　　）是指纯粹造成损失却没有任何受益机会的风险。

A. 投机风险　　B. 利率风险

C. 纯风险　　D. 价格风险

85. 分群随机抽样在市场调查中最典型的应用是（　　）。

A. 收入分群抽样　　B. 地区分群抽样

C. 消费分群抽样　　D. 年龄分群抽样

二、多项选择（第86～125题，每题1分，共40分。）

86. 我国产生经济合同纠纷的原因主要有（　　）。

A. 企业转产、停产以致撤销、合并或分立

B. 缺乏主动调查了解，盲目签订

C. 当事人法制观念淡薄，随意变更、撕毁合同

D. 因标的数量短缺，质量、包装不合格而发生经济纠纷

87. 销售人员的作用有（　　）。

A. 决定企业运营的关键　　B. 买卖关系的桥梁

C. 对付竞争的砝码　　D. 信息传递的使者

88. 针对企业的客户和潜在客户，我们可以通过（　　）等方式来达到网络调研的目的。

A. 吸引访问者填写问卷

B. 网上进行访谈

C. 邀请顾客参加各种调研性的活动

D. 分析服务器提供的访问统计报告

89. 属于折扣定价的有（　　）。

A. 现金折扣　　B. 数量折扣

C. 季节折扣　　D. 折让

90. 锁定最有价值客户的方法有（　　）。

A. 改变最有价值客户衰退趋势　　B. 制订客户忠诚计划

C. 战略性放弃负值客户　　D. 从二级客户身上获取更多的收入

91. 根据合同法的有关规定，合同的主要形式有（　　）。

A. 书面合同　　B. 口头合同

C. 其他合同　　D. 协商合同

92. 销售活动分析报告对于实际工作的作用主要有（　　）。

A. 促进销售计划的完成　　B. 为制订新的销售计划提供依据

C. 为提高经济效益服务　　D. 方便高层决策

93. 企业的定价目标大致包括（　　）。

A. 企业形象最佳化　　B. 市场份额收缩

C. 降低产品成本　　D. 当期利润最大化

94. 销售促进预算可以通过（　　）方式来确定。

A. 自上而下方式

B. 按照习惯比例来确定各项销售促进预算占总预算的比率

C. 随行就市方式

D. 自下而上方式

95. 便民商店的特点是（　　）。

A. 营业面积小　　B. 营业时间长

C. 经营品种全　　D. 距离消费群近

96. 中间商的主要购买决策包括（　　）。

A. 配货决策　　B. 供应商组合决策

C. 供货条件决策　　D. 库存决策

97. 网络调研根据其目的的不同可以分为（　　）。

A. 产品开发、发布、测试调查　　B. 网络广告效果调查

C. 顾客满意度、忠诚度调查　　D. 企业站点价值评估调查

98. 销售分析与评价的常用方法是（　　）。

A. 绝对分析法　　B. 相对分析法

C. 因素替代法　　D. 量、本、利分析法

99. 商业贿赂应该具有的特征是（　　）。

A. 商业贿赂的主体是从事市场管理的管理者

B. 商业贿赂是经营者在主观上出于故意和自愿进行的行为

C. 商业贿赂在客观方面表现为违反国家有关财务、会计及廉政等方面的法律

D. 商业贿赂的形式不仅仅包括金钱回扣

100. 早期大众具备（　　）等特征。

A. 深思熟虑，态度谨慎

B. 有较好的工作环境和固定收入

C. 决策时间较长

D. 对舆论领袖的消费行为有较强的模仿心理

101. 多家代理的缺点是（　　）。

A. 厂家易受代理商的要挟　　B. 容易造成代理商之间的恶性竞争

C. 代理商的士气不那么高　　D. 容易被代理商欺骗

102. 下列情形中，（　　）违反了产品质量法的规定。

A. 不具备产品应当具备的使用性能而事先未作说明

B. 不符合以产品说明、实物样品等方式表明的质量状况

C. 不能完全满足消费者的消费欲望

D. 不符合在产品或包装上注明采用的产品标准

103. 消费者认识需要是由（　　）引起的。

A. 内部刺激　　B. 正面刺激

C. 负面刺激　　D. 外部刺激

104. 买断代理方式的特点有（　　）。

A. 买断代理商资金雄厚，销售能力一般来说更强

B. 买断代理商所承担的风险较大，经营收入一般要高于佣金代理商的收入

C. 代理商的士气不那么高

D. 产品价格无法统一

105. 服务内容包括（　　）。

A. 维修服务　　B. 信息服务

C. 咨询服务　　D. 免费试用服务

106. 治理窜货问题的对策有（　　）。

A. 归口管理，权责分明　　B. 建立合理的差价体系

C. 加强销售通路管理　　D. 加强营销队伍的建设与管理

107. 逻辑在商务谈判中的作用主要有（　　）。

A. 逻辑是联结谈判各部分的线索

B. 逻辑是谈判中的探测器

C. 逻辑是谈判中的论证手段

D. 逻辑是谈判中向对方有力反驳的武器

108. 每场谈判的结束方式可据（　　）来确定。

A. 时间　　B. 气氛

C. 地点　　D. 内容

109. 按相对重要性由高到低，用来判断服务质量的评价标准有（　　）等方面。

A. 可靠性　　B. 保证性

C. 响应性　　D. 移情性和有形性

110. 根据窜货的表现形式及其影响程度，可以把窜货分为（　　）。

A. 自然性窜货　　B. 恶性窜货

C. 良性窜货　　D. 跨区域窜货

111. 可能造成窜货的原因有（　　）。

A. 管理制度有漏洞　　B. 激励措施失偏颇

C. 管理监控不力　　D. 代理选择不合适

112. 销售代理和经纪人的区别是（　　）。

A. 行为名义不同　　B. 服务对象不同

C. 享有权利不同　　D. 与委托人关系的持续性不同

113. 以下定价形式属于心理定价的是（　　）。

A. 整数定价　　B. 尾数定价

C. 分区定价　　D. 招徕定价

114. 企业要不断完善服务系统，最大限度地使顾客感到安心和便利，为此，需做到（　　）。

A. 在价格设定方面，要力求价格公平、明码标价

B. 在包装方面，要安全、方便

C. 在经营中要尺足、秤满

D. 在售后服务方面要帮助安装，定期进行访问

115. 下列选项属于接近拜访顾客的方法的是（　　）。

A. 赞美接近法　　B. 反复接近法

C. 服务接近法　　D. 利益接近法

116. 根据合同法规定，下列合同属于无效合同的是（　　）。

A. 一方以欺诈、胁迫的手段订立，损害国家利益的合同

B. 恶意串通，损害国家、集体或第三人利益的合同

C. 以合法形式掩盖非法目的的合同

D. 违反法律、行政法规强制性规定的合同

117. 下列对市场营销组合特点的描述正确的是（　　）。

A. 市场营销组合要素对企业来说都是可控要素

B. 市场营销组合是一个复合结构

C. 市场营销组合是一个动态组合

D. 市场营销组合要受企业市场定位战略的制约

118. 人员销售是一种面对面的沟通方式，与其他促销方式相比，具有（　　）的特点。

A. 灵活性　　B. 完整性

C. 选择性　　D. 长远性

119. 有关提高企业服务质量的方法，比较常用的有（　　）。

A. 标准跟进　　B. 流程图

C. 结构重整　　　　　　　　D. 蓝图技巧

120. 下列属于电子商务的优点的是（　　）。

A. 降低企业营销成本　　　　B. 提供新的市场机会

C. 直接把握市场需求的变化　　D. 电子化、数据化消除了时空的限制

121. 在市场营销学中，市场的大小取决于那些（　　）的人数。

A. 有某种需要

B. 拥有使别人感兴趣的资源

C. 愿意以这种资源来换取其需要的东西

D. 处于一定的市场环境

122. 市场由一切具有特定的欲望和需求并且愿意和能够以交换来满足此欲望和需求的潜在顾客构成，由此可知，市场的构成要素包括（　　）。

A. 有某种需要和欲望的人　　B. 拥有使别人感兴趣的资源

C. 为满足需要的购买能力　　D. 购买欲望

123. 产品延伸策略的实现方式有（　　）。

A. 向上延伸　　　　　　　　B. 向下延伸

C. 向左延伸　　　　　　　　D. 向右延伸

124. 根据客户战略价值、实际价值以及服务成本的大小可以把客户划分为（　　）。

A. 最有价值客户　　　　　　B. 二级客户

C. 正值客户　　　　　　　　D. 负值客户

125. 商务谈判中，常用的限制性因素主要有（　　）。

A. 经济限制　　　　　　　　B. 权利限制

C. 资料限制　　　　　　　　D. 时间限制

附录3：职业技能鉴定国家题库
营销师三级操作技能试卷

（2008年5月）

注意事项

考试时间：120分钟。

请首先按要求在试卷和答题卷上相应处填写您的姓名、准考证号和所在单位的名称。

请仔细阅读各种题目的回答要求，在答题卷规定位置填写您的答案，否则无效。

不要在试卷和答题卷上乱写乱画，不要在标封区填写无关的内容。

一、案例分析（第1题~第3题，每题20分，共60分）

1．某厂开发的新产品——气功激发仪，在某商场柜台摆放了3个月无人问津。忽然有一天该商品被顾客抢购了198个。产品由滞转畅的原因是，推销员不仅向顾客介绍商品的性能，而且现场进行表演，在一位患肩周炎的老人身上具体示范。奇迹发生了，当即这位老人的胳膊不仅能抬起，而且伸直弯曲也不疼，围观的顾客无不为之折服，纷纷解囊争购这种产品。

问题：

（1）一个理想的销售人员应具备什么素质？

（2）人员销售有哪几种方式？

作答区域要求：此题请在答题卷I的B答题区域作答，此区域外作答无效。

2. 请结合案例和所学的知识回答问题。

B商场曾向某企业购买一批价值为309万元的货物，该企业在发货后向B商场通过电话和邮件的方式催收货款，但是B商场多次以各种理由推迟付款。企业只好派出内部管理人员到B商场上门催收货款。

B商场与该企业是长期的合作伙伴，在和商场的管理人员进行交涉的过程中，企业的内部管理人员发现B商场并不是没有能力付清货款，而是想延迟付款期，尽量利用手里的现金。企业现在的流动资金十分紧张，B商场这笔货款对企业现阶段的发展十分重要，企业管理人员在交涉之前就已经下定决心无论如何也要尽快取得该笔货款。

经过长时间的交涉，B商场还是坚决不让步。这时，企业的管理人员对B商场的行为进行仔细的分析研究。最后决定向B商场提供现金折扣，因为B商场延迟付款的主要目的就是想最大限度地占用资金。企业决定向B商场提供2%的现金折扣，参考销售商借款的年利率，这笔现金折扣刚好与为期90天的延期付款的成本相等。B商场考虑到该企业是自己的长期合作伙伴，同时又给予这么有吸引力的现金折扣，经过反复衡量之后，决定在谈判后的第二天立即付款。

最后，B商场获得了有利的现金折扣，而企业也因为资金到位而保持了顺利地运转，双方都取得各自满意的结果。

问题：

(1) 本案例中的企业主要采取了哪种追账的基本方法？除了这种方法以外还有哪些追账的基本方法？

(2) 企业决定向B商场提供现金折扣是哪种追账基本方法的辅助手段？这种追账的基本方法有哪些辅助手段？

作答区域要求：此题请在答题卷I的C答题区域内作答，此区域作答无效。

3. 请结合案例和所学知识回答问题。

某一采取直销方式的化妆品公司主要在各大学上门推销其产品，某一顾客曾接触过此品牌，认为该品牌价位适中、质量优良，对它的印象良好，但是近期没有购买需要。某日，一推销员午休时间上门，向顾客大谈特谈产品的功效后，力劝其购买。顾客没有购买欲望，虽然感觉该推销员有令人愉快的口头禅，但仍然婉言相拒。推销员仍不放弃，劝说顾客试用一下，并主动打开一新包装，承诺如果顾客不满意也无妨，不会逼其购买，顾客经其劝说有了购买之意，但试用后感觉不太满意，明示自己意见后，该推销员勃然大怒，语言强硬，直接回击顾客的每一条意见，直至恶语羞辱顾客。该顾客忍无可忍将之赶走，并明确其今后再也不会购买该品牌化妆品。

问题：

(1) 该名推销员在处理异议时有问题吗？

(2) 应该如何认真听取顾客提出的异议？

二、情景题（第4题～第5题，每题20分，共40分）

4. 请结合案例和所学的知识回答问题。

B公司从C公司购买50部大型发电机，经过认真的准备之后，谈判开始了。B公司的主谈人在首场谈判中，表现得非常热情，简明扼要地说出了B公司对产品的要求。C公司的主谈人表现十分积极，认真地聆听对方的各种要求，对对方的一些要求提出疑问。经过几个小时的谈判，双方对产品都获得了一致的意见，但是双方在价格问题上发生严重分歧而暂时休会。

半个小时后，谈判重新开始，为了缓和紧张气氛，B公司的主谈人平和地说："李先生，刚才您顽强地坚持不能降价，现在，您是否能灵活一点使大家能够找到出路？"李先生回答："贵方的态度不是也一样吗？坐立不安的感觉让人不舒服呀！"B公司主谈人爽朗地笑了，紧张气氛得以缓和。双方围绕付款方式这一问题进行积极的磋商，C公司的主谈人答应减少5万元的现金付款，B公司的主谈人认为还有降价的空间，于是继续和C公司的主谈人周旋，谈判再次发生分歧，暂时休会。

又过了半个小时，谈判重新开始。B公司主谈人和C公司主谈人各自总结了前面谈判的情况以后，继续进入谈判。B公司的主谈人利用化整为零的策略，指出每部发电机的大约成本，这个策略使得C公司的主谈人又连续两次将货款减少5万元的现金付款，当C公司的主谈人的态度已经变得十分强硬，坚决不肯再让步时，B公司的主谈人终于做出了让步，最终达成了一致意见。

问题：

（1）C公司采取的让步策略有什么优点和缺点？

（2）如果你是B公司的主谈人，在C公司的主谈连续3次减价后，你是否还会继续坚持要求C公司的主谈人降低价格？为什么？

作答区域要求：此题请在答题卷Ⅰ的E答题区域内作答，此区域外作答无效。

5. 北京慧康公司是一家专门为金融企业提供信息系统服务的企业。王刚是该公司华北区市场总监，他得知明德银行将于近期启动一个客户关系管理系统的项目，为了进一步了解该项目的背景资料，他约明德银行信息中心的刘主任就该项目进行了一次会谈。以下是该谈话的部分内容：

王刚：刘主任，先请您介绍一下明德银行的组织结构吧。

刘主任：好吧。银行总部共有六个主要的管理职能部门，包括经营管理部、计划财务部、审计部、信息中心、行政部及品牌部。我们信息中心主要负责全行系统内信息系统的选型、维护及日常管理等工作。

王刚：咱们行有几位高层领导，他们是怎么分工的啊？

刘主任：除了一个李行长外，还有4个副行长。其中崔副行长是负责信息化这块的。其余几位副行长也有各自的分工。

王刚：如果决定要上信息系统的话，明德银行内部的决策程序是怎样的呢？

刘主任：一般情况下，由信息中心提出使用申请，经营管理部会组织外部专家详细论证信息系统的必要性与可行性，接下来是行长办公会讨论决定造型并对外招标，行长办公会上，主要由负责信息化的崔副行长提交选型初步方案。计划财务部对中标价格进行财务核算，最后就是由李行长亲自拍板决定。拍板决定后交由信息中心进行实际采购。

王刚：我想我初步明白了。谢谢您的介绍。

问题：

（1）企业采购中心通常包括哪些成员？

（2）明德银行中的李行长、刘主任、崔副行长分别属于采购中心哪种成员？

（3）作答区域要求：此题请在答题卷I的F答题区域内作答，此区域外作答无效。

参考文献

[1]［美］菲利普·科特勒．市场营销管理（亚洲版）［M］．北京：中国人民大学出版社，2004.

[2] 郭国庆．市场营销学［M］．武汉：武汉大学出版社，2007.

[3]［美］菲利普·科特勒等．市场营销［M］．俞利军译．北京：华夏出版社，2003.

[4] 吴勇．市场营销（第二版）［M］．北京：高等教育出版社，2008.

[5] 赵柳村．推销与谈判实务［M］．广州：暨南大学出版社，2009.

[6] 时昆，周仁．电话营销在我国咨询业的发展现状及对策研究［J］．当代经理人，2006（11）．

[7] 中国就业培训技术指导中心．国家职业资格培训教程·助理营销师：国家职业资格三级［M］．北京：中央广播电视大学出版社，2006.

[8] 中国营销传播网［EB/OL］．http：//www. emkt. com. cn/.

[9] 渤海大学高职学院网站．高职管理类专业实践教学模式的构建与应用．[EB/OL] http://www. jznu. edu. cn/page/depart/gzxy/jxcg/lyl/index. html.

[10] 蔡晓渝．露姿化妆品模拟推销．［EB/OL］http://blog. sina. com. cn/s/blog_65e300060100i9h6. html.

[11] 销售培训游戏宝典．培训资料[EB/OL]. http://www. taoke. com/courseware/366. htm.

[12] 4A 酒吧．广告文案策划[EB/OL]. http://www. 4a98. com/document/copywriter/2006 - 10 - 06/article_10634. html.

[13] 淄博职业学院《市场营销》精品课程网站［EB/OL］. http://jpkc. zbvc. cn/scyx/shouye. htm.

[14] 全国高校营销大赛历届优秀作品展示．[EB/OL]. http://www. cmat. org. cn/dasai/.

[15] 广告文案写作案例［EB/OL］. http://www. zhlzw. com.